e Schwabeneder
laia Szyszkowitz
Markus Schirmer
Fleckl Markus Mair
Michael Lehofer
Christian Lagger
r Rainer Nowak
hika Niedermayr
Marlene Seidel
Klaus Schwertner
seneder

HEROES

WAS WIR VON UNSEREN HELDINNEN UND HELDEN LERNEN KÖNNEN

Peter Pilz
Susanna Wieseneder
Markus Mair (Hg.)

»Heroes«

Was wir von unseren
Heldinnen und Helden
lernen können

»We could steal time,
Just for one day
We can be Heroes,
For ever and ever
What d'you say?«

DAVID BOWIE

Inhalt

6   *Vorwort*

11   *Hospiz- und Palliativversorgung in Österreich*

15   Valerie Fritsch: **Die große Verwandlung**

22   Doris Helmberger-Fleckl: **Den eigenen Ton treffen mit Klaus Johns**

29   Sabine Hoffmann: **Auf der Reise zu mir selbst mit Silvia Klement**

36   Waltraud Klasnic: **Beten kann ich auch beim Autofahren**

44   Christian Lagger: **Auf Augenhöhe mit Harry Krenn**

56   Werner Lanthaler: **Im Ring mit Mike Tyson**

65   Michael Lehofer: **Meine Freunde sind meine Helden**

73   Markus Mair: **Wann ist ein Held ein Held?**

78   Arnold Mettnitzer: **Erwin Ringel – ein Ereignis**

87   Monika Niedermayr: **Die Liebe in die Zukunft tragen**

96   Rainer Nowak: **Andreas Hofer – Held und Taliban**

105   Cornelius Obonya: **Der Vogel als Löwe**

113   Matthias Opis: **Ordnung und Offenheit**

124   Hubert Patterer: **Mein Vater, ein ziemlicher Held**

136   Peter Pilz: **Auf das Morgen hören mit David Bowie**

146   Markus Schirmer: **Rudolf Kehrer – eine Begegnung**

156   Mathilde Schwabeneder: **Zu Besuch bei Mama Miti in Nairobi**

168   Klaus Schwertner: **Mit Herbert Grönemeyer »ein Stück vom Himmel« hier auf Erden**

176   Marlene Seidel: **Was uns zu Alltagsheld*innen macht**

185   Aglaia Szyszkowitz: **Auf eine knappe Stunde mit Sylvia Löscher**

194   Susanna Wieseneder: **Immer eine Tasse Tee mit Ruth**

203   *Biografien*

Vorwort

DIE WELT BRAUCHT SIE. Und gerade jetzt. Heldinnen und Helden, die in turbulenten Zeiten Halt und Orientierung bieten. Kaum einen Menschen hat die Covid-Pandemie mit all ihren Auswirkungen nicht berührt, vielleicht sogar erschüttert oder zumindest etwas aus dem Alltagstrott geworfen. Es waren diese zahlreichen medial vermittelten Momente, die erschreckenden Bilder, die Fragen nach einem guten Heute und einem gesunden Morgen aufkommen ließen. Viele von uns waren mit den teilweise existenziellen Fragen nach dem »Wie weiter?« alleine und mussten erst einen zuversichtlichen Weg für sich oder für ihre Organisationen finden, wie Zukunft jetzt gehen soll.

Jeder von uns, ob in der globalen Covid-Pandemie oder zu einem anderen Zeitpunkt, hat wahrscheinlich eine Krise durchlaufen, die uns veränderte oder dies gerade tut. Der Ausgang ist ungewiss. Was tun wir also, wenn die Welt unvorhersehbar und turbulent ist? Wir suchen nach dem Stabilen im Bewegten. Nach dem Sicheren im Unsicheren. Nach dem Bewährten im offenen Raum. Nach dem Muster im Chaotischen. Nach der Zuversicht in der Unübersichtlichkeit. Und hier kommen ganz persönliche Heldinnen und Helden ins Spiel: Sie und ihre Bedeutung für den Einzelnen, wie auch für ein Kollektiv, bieten einen emotionalen und seelischen Haltegriff, um Herausforderungen gut anzunehmen. Um die richtigen Weichen zu stellen, oder neu anzufangen. »Unsere« Heldinnen und Helden mussten oder wollten oftmals Außergewöhnliches leisten. Sei es ihr eigenes Leben, das aus der Bahn geriet, zu bewältigen, oder ihr Unternehmen oder gar die Gesellschaft in eine neue Richtung zu bringen. Nicht immer sind es die bekannten, prominenten Beispiele. Sehr oft wählen wir auch leise oder unbekannte Heldinnen und Helden, die in einem wichtigen Abschnitt im Leben an unserer Seite stehen. Sie dienen als Ratgeber in den Fragen im kognitiven Sinn – »Wo geht es jetzt lang?« –, nach Halt im emotionalen Sinn – »Wer fühlt so wie ich?« –, und nach Beruhigung und Zuversicht – »Ich finde einen Weg«. Bei allen drei Sehnsüchten bieten Heldinnen und Helden oftmals einen Rat oder Fingerzeig, der zur Lösung aus der Krise führt oder bei der Beantwortung offener Fragen hilft.

Indem wir uns an unseren Heldinnen und Helden orientieren, treten wir selbst die eigene, ganz persönliche Heldenreise an: Einen Weg des Wachstums, des Lernens, des Neu-Ausrichtens oder des Erkennens. Beim großen Mythenforscher Joseph Campell übernehmen »unsere« Heldinnen und Helden dabei die Rolle des

Begleiters und Inspirators in der erzähltheoretischen archetypischen Grundstruktur des Heldenmythos, dem manchmal auch unser reales Leben folgt.

Helden übernehmen darüber hinaus folgende gesellschaftliche Aufgaben: Sie vermitteln eine Ordnung, die Normen, Werte und Rollen einer Gesellschaft widerspiegelt. Eine weitere Funktion liegt in der Sichtbarmachung von Sinn und Zusammenhängen, und die dritte Funktion liegt bei der Erinnerung an das Wunder der Existenz und deren Achtung davor. So, unsere Überzeugung, wird es Heldinnen und Helden in ihrer Vielzahl, Sichtbarkeit, Unsichtbarkeit und Lautstärke immer geben, solange es gesellschaftliche Entwicklung gibt.

DIE INSPIRATION ZU DIESEM BUCH lieferte David Bowie mit seinem Lied »Heroes«. Bowie ist ein Held mehrerer Generationen und hat sich nach Krisen immer wieder neu erfunden. David Bowie hat vielen Menschen gezeigt, dass anders sein in Ordnung ist und ihnen so sehr geholfen. Er setzte Trends und war seiner Zeit stets voraus.

David Bowie hat den Titel des Liedes »Heroes« unter Anführungszeichen gesetzt. Damit wollte er zum Ausdruck bringen, dass es ihm nicht um das heroische Heldentum ging, sondern vielmehr um die kleinen, oft unscheinbaren, aber wirkungsvollen Heldentaten im Alltag. Jene Heldentaten, die uns auch in diesem Buch beschäftigen. Die uns Halt geben in unsicheren Zeiten.

We could steal time, just for one day
we can be Heroes, for ever and ever.
Wir, die Herausgeberinnen und Herausgeber, führten in den letzten Monaten zahlreiche Gespräche mit Freun-

dinnen und Freunden, in der Familie, mit Mitarbeiterinnen und Mitarbeitern, Geschäftspartnerinnen und Geschäftspartnern, Klientinnen und Klienten zum Thema Bewältigung der aktuellen Krise; eine Frage, die wohl jeden beschäftigt: Wir wollten die geballte Kraft von Heldinnen und Helden verdichten, um mit diesem Buch Unterstützung in schwierigen, hilflosen und ohnmächtigen Lebenslagen zu geben. Die hochkarätige und diverse Mischung, mit Autorinnen und Autoren, die aus und in verschiedensten Lebensbereichen stammen und arbeiten, etwa Kultur, Wirtschaft, Medizin, Soziales und Medien, die hier in sehr persönlichen Essays ihre Heldinnen und Helden beschreiben, macht das Buch einzigartig. Mit dieser Fülle an Inspirationen hoffen wir, einen Beitrag zur Resilienz bieten und den einen oder anderen Lösungsansatz aufzeigen zu können.

Dieses Buchprojekt erscheint zugunsten des Dachverbandes HOSPIZ ÖSTERREICH und ein Teil des Verkaufserlöses kommt dem Dachverband HOSPIZ ÖSTERREICH zugute. Die vielen ehrenamtlichen Mitarbeiterinnen und Mitarbeiter der österreichischen Hospizfamilie haben gerade in den letzten Monaten gezeigt, was Heldinnen und Helden auch unter schwierigen Bedingungen leisten können. Ihr Dasein war und ist für so viele Menschen eine große Hilfe und wichtige Unterstützung. Ihnen und den vielen Heldinnen und Helden, die in dieser schwierigen Zeit Großartiges geleistet haben, ist dieses Buch gewidmet.

Ein Projekt wie dieses benötigt viele gute, professionelle Herzensmenschen. Unser besonderer Dank gilt Ulli Steinwender für die begeisterte Führung des Projekts, die vielen Telefonate und Gespräche, und der großartigen Julia Herrele für ihr durchdachtes und feines Lektorat. Sie sind ganz besondere Heldinnen für uns. Ein besonderes Dankeschön an Cristina Fiorenza, die dieses Buch mit ihren wunderbaren Zeichnungen umrahmt hat, Peter Manfredini für die Gestaltung, den Autorinnen und Autoren für ihre inspirierenden und schönen Beiträge, und letztlich den Heldinnen und Helden, die uns geleiten und vielleicht den Weg in ein neues Morgen weisen.

Ein großer Dank geht auch an die Unterstützer und Sponsoren, die dieses Projekt mittragen.

Graz/Wien
Herbst 2021

Peter Pilz, Susanna Wieseneder, Markus Mair

»Leben können und sterben dürfen«
Hospiz- und Palliativversorgung in Österreich

IN ÖSTERREICH STERBEN rund 80.000 Menschen pro Jahr. Der Großteil der Menschen, rund 80 %, versterben in Einrichtungen der Grundversorgung, also in Alten- und Pflegeheimen, in Akutspitälern und daheim. 10–20 % aller Sterbenden bzw. Menschen mit lebensverkürzenden Erkrankungen erkranken so komplex, dass sie spezialisierte Hospiz- und Palliativversorgung benötigen.

In der Hospiz- und Palliativversorgung geht es um die umfassende Betreuung und Begleitung von Menschen mit einer lebensverkürzenden Erkrankung. Es geht um eine multiprofessionelle Betreuung und den Einbezug von Angehörigen und Nahestehenden. Es geht um den Willen und die Bedürfnisse der Schwerkranken und Sterbenden. Ihre Autonomie soll gestärkt werden. Es geht um bestmögliche Lebensqualität, wenn Heilung nicht mehr möglich und sinnvoll ist. Es geht darum, leben zu können bis zuletzt, und es geht darum, sterben zu dürfen.

In ganz Österreich müssen die Angebote der spezialisierten Hospiz- und Palliativversorgung ausgebaut und auch öffentlich finanziert werden, wie es in einigen Bundesländern bereits der Fall ist. *Gleichzeitig* muss die Integration eines Grundwissens zu Hospiz und Palliative Care in Einrichtungen der Grundversorgung erfolgen: in Heime, Hauskrankenpflege, Akutspitäler, Arztpraxen. Hospiz Österreich hat dazu Projekte entwickelt, für Alten- und Pflegeheime und die Hauskrankenpflege. Beide Bereiche, Grundversorgung und spezialisierte Hospiz- und Palliativversorgung, ergänzen einander und können sich nicht gegenseitig ersetzen.

Ist ein Krankheitsverlauf sehr komplex oder sind die sozialen Umstände schwierig, soll die spezialisierte Hospiz- und Palliativversorgung beigezogen werden. Sie ist als Unterstützung und Ergänzung der normalen Versorgung gedacht und wird am besten schon ab der Diagnose und *vor* der letzten Phase des Lebens eingesetzt. »Wenn ich gewusst hätte, welche unglaubliche Verbesserung Hospiz- und Palliativversorgung für unser Leben als Familie, meinem kranken Ehemann und mir und den Kindern, bringt, hätten wir schon viel früher Kontakt aufgenommen«, so eine Frau, deren Mann zuerst vom Mobilen Palliativteam und einer ehrenamtlichen Hospizbegleiterin zu Hause und in der Endphase in einem stationären Hospiz betreut wurde.

Eine spezialisierte Versorgung ist notwendig, wenn die Schmerzen so zunehmen, dass das Spezialwissen der Palliativmedizin und -pflege benötigt wird, wenn man zum neu Einstellen einer Schmerzpumpe für einige Tage auf einer Palliativstation aufgenommen wird oder weil andere Symptome wie extreme Übelkeit und Müdigkeit gelindert werden sollen. Wenn die verbleibende Zeit nicht mehr lange und eine Pflege daheim nicht mehr möglich ist, kann eine Aufnahme in ein stationäres Hospiz erfolgen. Im Kinderbereich werden die betroffenen Familien lange, über Monate und teilweise Jahre, begleitet.

Ehrenamtliche Hospizbegleitung erfolgt überall, wo die Patient*innen und ihre Angehörigen/Nahestehenden sind: daheim, im Pflegeheim, im stationären Hospiz, auf der Palliativstation ...

Derzeit verfügen wir in Österreich über folgende Angebote für Erwachsene: ehrenamtliche Hospizteams, Mobile Palliativteams, Tageshospize, Palliativkonsiliardienste (in Krankenhäusern), stationäre Hospize und Palliativstationen. Einrichtungen in Ihrer Nähe finden Sie unter: *https://www.hospiz.at/einrichtungsuebersicht/*

Für Kinder, Jugendliche und junge Erwachsene und Ihre Familien stehen Kinder-Hospizteams, mobile Kinder-Palliativteams, ein stationäres Kinderhospiz mit psychosozialem Schwerpunkt und an einigen Standorten auch pädiatrische Palliativbetten zur Verfügung.

Einrichtungen in Ihrer Nähe finden Sie unter: *https://www.kinder-hospiz.at/einrichtungsuebersicht/*

Valerie Fritsch
Die große Verwandlung

DIE WELT IST EINE ZAUBERMASCHINE, ein großer schwarzer Hut, der, auf einen geworfen, den Trick der inneren und äußeren Umgestaltung beherrscht wie nichts sonst. Mit ihrem Unbill und ihrer Schönheit ist sie immer wieder imstande den Menschen zu verwandeln, den einen in einen anderen, den, der man immer war, in den, der man noch nie sein musste, konnte, wollte, den Zag- zum Standhaften, den Gebückten zum Aufrechten, den Leisen zum Rabiaten, oder umgekehrt – denn gegen die eigenen, merkwürdigen Metamorphosen ist man nie gefeit. Die höchstpersönlichen Grenzen sind nicht unverrückbar festgelegt, aber in so manchem Augenblick mit sich selbst neu auszuhandeln, um Milli- oder ganze Kilometer verschiebbar, und wer nicht klein und kleinlich beigibt, den belohnt möglicherweise die Überraschung. Man vergisst es zu oft: Die Kraft zu wachsen wohnt uns von Kindesbeinen an inne, die Fähigkeit ein widerständiges Herz auszubilden, in die Höhe zu schießen wie

Gras, nicht zu vergehen wie Unkraut, eine neue Haut um ein altes Ich zu ziehen wie einen Mantel. Dass das Größerwerden oft mit Wachstumsschmerzen, die an einem zehren, einhergeht, ist ein Preis, den zu zahlen man nicht umhinkommt: mit großer und kleiner Münze, manchmal mit allem, was man hat, manchmal selbst mit einer aufgesparten Geheimwährung, dem, von dem man noch gar nicht wusste, dass man es in sich hat.

Die ersten Helden meines Lebens sind mir in Büchern begegnet, erst später, mit geschärftem Blick, habe ich auch einige in der Wirklichkeit gefunden. Ich hörte mit der Aufmerksamkeit der Kinder in frühen Tagen den Sagen und Märchen zu, in denen mythische Gestalten – stets Männer – Ungeheuer und Riesen bekämpften, Jungfrauen aus Bedrängnis erretteten, ganzen Städten und Ländern mit ihrem Mut Erlösung brachten. Man hat einiges zu tun als Held, schien mir, war verpflichtet einiges aushalten, die Einsamkeit des Auserwählten und den Trubel, der um einen herrschte, den Ruhm, durch den man nach all den irdischen Mühen auch noch unvergesslich oder unsterblich wurde, also nicht nur die Last der Endlichkeit, aber jene der Unendlichkeit tragen musste – bloß langweilig war es dem Augenschein nach nie. Als Kind überzeugte mich das Konzept dennoch nicht vollständig, die Ungeheuer und Fabelwesen gefielen mir besser als die rastlosen Edelmütigen, aber mit den Jahren dämmerte mir mehr und mehr, dass der Held schlicht die personifizierte Hoffnung aufs Außergewöhnliche war, auf den Sieg gegen das Wahrscheinliche und das vermeintlich Unveränderliche, eine Inspiration, die man auch im harmlosesten Alltag mitunter nötiger hat als alles andere. Die alten Geschichten ermöglichen zweierlei, man darf hoffen, man trüge es selbst in sich, oder man darf hoffen, man würde irgendwann gerettet werden. Jedes Vorbild birgt das Bild eines potenziellen Ichs oder Dus in sich. Und damit die Aussicht in eine andere Welt, die vielleicht schöner ist als die bereits bekannte.

Den großen Legenden, Sagen und Geschichten, die man hört, stehen Wirklichkeiten, Alltage, Leben gegenüber, die man lebt, und die ihre Bewohner mit erschreckender Regelmäßigkeit vor die unmondänen Heraklesaufgaben des Schicksals stellen. Jedes Menschenleben ist ein Schauplatz der großen Dinge. Das Ungeheuerliche kommt als Krankheit, Krise und Verlust, man kämpft oft genug mit sich selbst, nur die Gelegenheiten für Ruhm und Ehre durch eine Heldentat sind spärlich, wenn man nicht plakativ zur richtigen Zeit am richtigen Ort ist und einmal im Leben mit beherztem Eingreifen einen Hund aus einem brennenden Haus, ein Kind vor dem Ertrinken, einen Passanten aus einer Not rettet. Alles, was nicht in der Zeitung steht, sind komplizierte, uneindeutige Prozesse, das Leben produziert widersprüchliche Helden, die man auf den ersten Blick übersieht, an ihrer Unscheinbarkeit oder ihrer Fehlerhaftigkeit leicht vorübergeht, ohne sie zu erkennen. Sie weisen sich nicht aus, gehen ungeschaut durch alle Straßen, brechen mit den Erwartungen, tragen ihr Handeln nicht als Medaille auf der Brust, können auch mit der größten Lebensleistung beschädigt, unangenehm, gar unsympathisch sein. Der Held ist keine Selbstdefinition, recht sicher kann man sagen, wer von sich mit ernster Miene behauptet, einer zu sein, ist keiner. Die anderen machen einen hinterher dazu, verleihen das große Wort mit einem Blick hinauf, einer Bewunderung, dem Bedürfnis nach einer Hoffnung. Die Sagengestalten des Alltags kommen oft in eigenem Gewand, inkognito, leise und unsichtbar, sind Formenwandler, Frauen, Männer und Kinder, die das Leben als eine Frage der Haltung begreifen, deren Antwort der metaphorisch aufrechte Gang ist. Sie sind Räder in der Weltmaschine, die die kleinen und großen Universen am Laufen halten, halten zusammen, was sonst auseinanderdriftet. Sie bestehen trotz der Zerbrechlichkeit des Menschen auf ein höchstpersönliches Ungebrochen-Sein. Das ist jenseits von selbstverständlich und weder man selbst noch ein anderer hat einen Anspruch darauf, es ist eine Haltung, die nicht jedem gelingt und gelingen kann, weil man am Schweren, Harten, Ungerechten auch getrost und mit allem Recht zerbrechen kann, statt zu wachsen – nichts leichter als das, sagt die Welt, wir wissen es alle. Im Gegensatz zur antiken Heldenfigur, die nur die irgendwann endende Legende bewohnt, ist man schließlich vierundzwanzig Stunden am Tag in seinem Leben zu Hause, und so manche Aufgabe hat man sich weder ausgesucht, noch scheint man für ihre Bewältigung ausgerüstet. Immer wieder wird man vom Zufall in eine Rolle hineingestoßen, an die man für sich selbst noch nicht gedacht hat. Aber Angst entbindet nicht von Mut, und noch die größte Müdigkeit nicht von der Wirklichkeit. Von Helden hört man die Leute sprechen, wenn einer das Beste aus etwas Schlechtem macht, eine Lücke zur Fülle verwandelt, etwas lächelnd erträgt, eine Krankheit bekommt, die keiner haben will, einen Menschen für viele Jahre pflegt, sich selbstlos einer Sache verschreibt, im richtigen Augenblick plötzlich mutig eingreift. Oft fügen sie hinzu, laut oder leise: *Ich könnte das nicht,* meinen häufig: *Ich möchte das nicht,* und denken nachts heimlich: *Das wär' ich gern.* Da steckt die Saat der Verwandlung schon in den Hosentaschen, auch, wenn man sich vielleicht im letzten Moment entscheidet, sie nie zu vergraben und kein anderer zu werden.

Nicht alles ist dramatisch, Gott sei Dank, manchmal scheint es ganz einfach, und jemandem, der einem in einer dunklen Stunde ein unverdientes Lächeln entgegenwirft, möchte man schon zurufen: Mein Held. Einen Tag kann man auf die verschiedensten Arten und Weisen retten. Es geht nicht nur um ein lebbares Leben im Angesicht des Schreckens, mitunter sind auch Widerstände, Kraftakte, Neubeginne, glühende Ideen oder ein liebes Wort aus dem Nichts heraus eine kleine Heldentat. Woran man sich misst, muss nicht ein schlimmes Schicksal, aber kann auch ein hoher Berg oder ein grantiger Mensch sein, den man bezwingt. Aufs Außergewöhnliche kann man sich überall stürzen, es lauert an den merkwürdigsten Ecken

>> Meinen ersten Helden bin ich in Büchern begegnet und meiner letzten Heldin in der Obersteiermark, die sich gegen die vereinnahmende Begrifflichkeit empört gewehrt hätte mit Händen und Füßen. «

der Welt und in einem selbst, bloß bereit muss man dafür sein. Umsonst gibt es nichts, und so sehen wir auch zu den Menschen, die brennen wie Fackeln für eine Sache, gerne auf, zu ihrem Glück, ihrer Kompromisslosigkeit, ihrer Bereitschaft zu handeln, wo andere warten. Mit den Jahren denke ich immer mehr, man sollte sich öfter ein Vorbild nicht nur an den aufrechten, aber auch an den glücklichen Menschen nehmen.

Ich persönlich schaue den Menschen gern zu beim Wachsen und Verwandeln, bin nicht nur berufsbedingt fasziniert von diesen Zaubertricks des Universums, auch wenn die Mühen der Formfindung nicht immer schön sind. Meinen ersten Helden bin ich in Büchern begegnet und meiner letzten Heldin in der Obersteiermark, die sich gegen die vereinnahmende Begrifflichkeit empört gewehrt hätte mit Händen und Füßen. Meine Schwiegermutter bekam vor einigen Jahren eine äußerst seltene, aggressive, in ihren Auswüchsen unsägliche Krebserkrankung, die mehr Urteil als Prozess war. Es waren lange, komplizierte Jahre, und wir begleiteten sie mit großer Nähe, abstrakt und konkret. Ihr gelang das für mich fast Undenkbare, Niegesehene, denn obschon sich ihr Körper veränderte, verbog, verwuchs, ihr nach und nach alles versagte, die Herrschaft an sich riss mit einer beeindruckenden Grausamkeit, wurde sie nur mehr zu sich selbst, schärfte ihr Sein und ihre Persönlichkeit, leuchtete mit ihrem Ich, bestand darauf, immer Mensch statt Kranke zu sein, trug bis zuletzt unaufgeregt die Krone der Würde. Sie behielt eine menschenliebende Fröhlichkeit, zahlte die höchsten Preise, ohne mit der Wimper zu zucken, erlaubte sich unverdeckte Verzweiflung, und bewahrte sich und alle sie Umgebenden vor der Bitterkeit. Es war eine erstaunliche Verwandlung gegen alle Widerstände, die mein Herz sehr wild berührt hat, auch wenn es immer wieder zerbrach während der Versuche, sich am Unvermeidlichen abzuarbeiten. Aber vom Tod wird man nicht zum Helden gemacht, nur im Leben hat man Gelegenheit dazu. Ich habe sie haltlos bewundert und für ihre Haltung, und in Gesprächen über ihr Schicksal oft die großen Wörter bemüht, weil mir nichts angemessener erschien als das. Im letzten Jahr reiste sie im Wohnzimmerkreis der Familie ein Universum weiter, zerbrechlich aber ungebrochen. Und es war, als hätten sich ihre Kraft und Geschichte zum großen, schwarzen Hut verdichtet, der über uns gestülpt, auch uns zu anderen gemacht hatte, zu Wissenden, die gesehen hatten, was möglich war, und damit zu Suchenden, die sich in sich selbst aufmachen mussten, um zu sehen, was möglich ist.

Doris Helmberger-Fleckl
Den eigenen Ton treffen mit Klaus Johns

EIGENTLICH WEISS ICH FAST GAR NICHTS von ihm. Ja, bis vor Kurzem wusste ich nicht einmal von seinem Tod. Dass Klaus Johns bereits 2004 gestorben ist, völlig überraschend und mit nur 54 Jahren, realisierte ich erst bei der Recherche für diesen Text.

Jahrelang habe ich nicht an ihn gedacht, an diesen begnadeten Mann voll hanseatischem Charme, an dieses schillernde Uwe-Ochsenknecht-Lookalike in seinen stets etwas zu kurzen Hosen. Doch beim Nachdenken über meine persönlichen »Held(inn)en« kam er mir als Erster in den Sinn. Als einer, der da war und den richtigen Ton traf, als ich nicht mehr weiterwusste.

Es war in den 1990ern an der Grazer Hochschule für Musik und darstellende Kunst, an die ich mich verirrt hatte – ratlos, was ich eigentlich konnte und vor allem wollte. Die Architektur, mit der ich nach der Matura begonnen hatte, war mir fremd geworden. Das Studium selbst und mehr noch das Milieu. Doch was sonst? Vieles andere schien möglich, alles Mögliche klang interessant, aber nichts vermochte nachhaltig zu fesseln. Gibt es Schwierigeres, als mit 18, 19, 20 Jahren zu entscheiden, womit man sich sein Lebtag beschäftigen möchte, worin man sich entfalten, ja verwirklichen könnte – und daneben auch noch das nötige Geld verdienen, um in einer unsicheren Zukunft einigermaßen sicher zu sein?

Manchen Jungen fällt das nicht schwer – selbst in einer Welt, in der nichts so sicher ist wie die ständige Transformation. Wenn ich heute miterlebe, wie klar manche Freunde meiner Kinder ihr Berufsbild vor Augen haben, bin ich verblüfft. Arzt werden, Informatiker werden, Influencer werden: Nicht alles lässt sich (zum Glück!) realisieren, aber allein das klare Lebensziel beeindruckt.

Bei mir war es anders, damals, in den 1990ern. Das dicke Studienbuch ist dafür ein sprechender Beleg. Vieles galt es auszuprobieren, das meiste wurde bald wieder verworfen. Auch die Musik war eine Option. Die Aufnahmeprüfung für die Hochschule (es war am Ende Toningenieurwesen) gelang, zahllose himmlische Flügel konnten ab nun bespielt werden – und ein Semester lang stand auch »Gehörschulung« am Programm.

Es war eine sehr diverse Gruppe, die sich da versammelte: imposante Sängerinnen aus dem Osten, Virtuosen aus noch ferneren Gefilden – und dazwischen eine unsichere, eher mediokre Oberösterreicherin. Dem Maestro der Truppe, Klaus Johns, war das einerlei: Er unterschied und bevorzugte nicht, er war ein Lehrer und Welteröffner im besten Sinn. Nicht nur Intervalle und Rhythmen lernte man bei ihm, sondern auch, was Leidenschaft vermag. In der Kunst wie im ganz normalen Leben. Er selbst war von Hamburg nach Graz gekommen und hatte sich in diese mittelgroße Stadt verliebt. Bei Andrzej Dobrowolski hatte er Komposition studiert und ab Mitte der 1980er Jahre selbst unterrichtet. Bald wurde er zu einer prägenden Figur des Grazer Musiklebens, er wirkte als Pianist, Arrangeur und Dirigent, er komponierte für den »steirischen herbst«, für die »Styriarte« und für das Festival »Hörgänge«. »Ruhig, sparsam und reichlich mit Stille durchsetzt«, würden seine eigenen Stücke klingen, hieß es später in Nachrufen. Kurz und trocken seien sie, hieß es andernorts. »Unbedingt originell zu sein ist unmöglich und wäre auch auf Dauer höchst langweilig«, meinte er selbst – und schaffte dabei diese Originalität ohne jeden Zwang.

Die Pausen, das Nichts, das möglichst Unhörbare waren ihm fast wichtiger als die Töne. Und vor allem das Wartenkönnen hat ihn fasziniert. »Das ist wahrscheinlich auch der Grund, warum ich mich mit dem Tango beschäftige«, meinte er einmal gegenüber Öl. »Hier geht es auch darum, auf den richtigen Moment warten zu können, zum Beispiel beim Tanzen mit der Figur zu beginnen oder innezuhalten.«

Dem Tango Argentino galt seine große Liebe, jahrzehntelang beschäftigte er sich mit diesem Tanz, er machte ihn in Graz populär, gründete Ensembles und Orchester wie »Tanguango«, arrangierte Stücke von Astor Piazzolla und startete 1991 ein Archiv. Die Aufnahmen, Noten, Texte und Videos bilden mittlerweile eines der größten Tango-Archive Europas, angesiedelt an der Akademie der Künste in Berlin.

Auch auf uns Studierende schwappte das Tango-Fieber über. Tango-Argentino-Kurse wurden gebucht – und bald als eine Nummer zu groß empfunden. Der Rhythmus, die Spannung, die Hüfte – da konnten unsere mäßig begnadeten Körper nicht mit. Doch bei »Tanguango« im Orpheum wurden wir ergriffen von Liebe und Schmerz, als wären wir gerade im Herzen von Buenos Aires. Auch in Johns' Gehör- und Lebensschulung ging es für mich bald um Existenzielles: Sollte die Musik nach all den Um- und Irrwegen tatsächlich das Richtige sein? Sollte es hier endlich möglich sein, den eigenen Ton und Klang zu treffen?

Ich fragte Klaus Johns, und er antwortete mir mit Rainer Maria Rilkes »Briefen an einen jungen Dichter« – geschrieben anno 1903 und 1904 an den gleichfalls unschlüssigen Franz Xaver Kappus. Ebenso wie Rilke selbst hatte dieser die Militär-Realschule in St. Pölten besucht, um später Offizier zu werden. Wobei Rilke bekanntlich einen anderen Weg beschreiten sollte: Die Konstitution des stillen, ernsten, hochbefähigten Jungen hatte sich als nicht widerstandsfähig genug herausgestellt, weshalb ihn seine Eltern aus der Anstalt nahmen und daheim in Prag weiterstudieren ließen.

Auch der junge Kappus versuchte sich nun dichterisch – doch sollte es reichen? Er schickte Rilke ausgewählte Verse samt einem Brief, in dem er sich »so rückhaltlos offenbarte wie nie zuvor und niemals nachher einem zweiten Menschen«, wie er später schrieb.

Der große Dichter Rilke antwortete zwar mit Feingefühl – doch zugleich auch mit großer Deutlichkeit. Kappus' Verse hätten »keine eigene Art [...], wohl aber stille und verdeckte Ansätze zu Persönlichem«. In einem der Gedichte wolle »etwas Eigenes zu Wort und Weise kommen«, meinte Rilke, in einem anderen wachse »vielleicht eine Art Verwandtschaft mit diesem Großen, Einsamen auf«. Trotzdem seien die Werke »noch nichts für sich, nichts Selbständiges«.

Was er dem jungen Dichter denn nun rate? Er möge aufhören, seine Verse mit anderen Gedichten zu vergleichen, sie an Zeitschriften zu schicken und sich zu beunruhigen, wenn gewisse Redaktionen seine Versuche ablehnten. Damit sehe er nach außen, »und das vor allem dürften Sie jetzt nicht tun«, meint Rilke. »Niemand kann Ihnen raten und helfen, niemand. Es gibt nur ein einziges Mittel: Gehen Sie in sich, erforschen Sie den Grund, der Sie schreiben heißt; prüfen Sie, ob er in der tiefsten Stelle Ihres Herzens seine Wurzeln ausstreckt, gestehen Sie sich ein, ob Sie sterben müßten, wenn es Ihnen versagt würde zu schreiben. Dieses vor allem: Fragen Sie sich in der stillsten Stunde Ihrer Nacht: muß ich schreiben? Graben Sie in sich nach einer tiefen Antwort. Und wenn diese zustimmend lauten sollte, wenn Sie mit einem starken und einfachen ›Ich muß‹ dieser ernsten Frage begegnen dürfen, dann bauen Sie Ihr Leben nach dieser Notwendigkeit; Ihr Leben bis hinein in seine gleichgültigste und geringste Stunde muß ein Zeichen und Zeugnis werden diesem Drange.«

Und weiter meint Rainer Maria Rilke in seinem Brief an den jungen Dichter: »Ein Kunstwerk ist gut, wenn es aus Notwendigkeit entstand. In dieser Art seines Ursprungs liegt sein Urteil: es gibt kein anderes. Darum, sehr geehrter Herr, wußte ich Ihnen keinen Rat als diesen: in sich zu gehen und die Tiefen zu prüfen, in denen Ihr Leben entspringt; an seiner Quelle werden Sie die Antwort auf die Frage finden, ob Sie schaffen müßen. Nehmen Sie sie, wie sie klingt, an, ohne daran zu deuten. Vielleicht erweist es sich, daß Sie berufen sind, Künstler zu sein. Dann nehmen Sie das Los auf sich, und tragen Sie es, seine Last und seine Größe, ohne je nach dem Lohne zu fragen, der von außen kommen könnte. Denn der Schaffende muß eine Welt für sich sein und alles in sich finden und in der Natur, an die er sich angeschlossen hat. Vielleicht aber müssen Sie auch nach diesem Abstieg in sich und in Ihr Einsames darauf verzichten, ein Dichter zu werden (es genügt, wie gesagt, zu fühlen, daß man, ohne zu schreiben, leben könnte, um es überhaupt nicht zu dürfen). Aber auch dann ist diese Einkehr, um die ich Sie bitte, nicht vergebens gewesen. Ihr Leben wird auf jeden Fall von da ab eigene Wege finden, und daß es gute, reiche und weite sein mögen, das wünsche ich Ihnen mehr, als ich sagen kann.«

Musste ich Musik machen? Würde ich ohne zu musizieren nicht leben können? Brauchte ich die Musik wie die Luft zum Atmen? Nein, das brauchte ich nicht. Auch wenn mir bei ihr das Herz aufging.

Diese schnöde Erkenntnis markierte meinen Abschied von der Hochschule für Musik und darstellende Kunst – und die Neuorientierung in Richtung Theologie und Journalismus. Ein umfassendes, aber nicht allzu fokussiertes Interesse an der Welt: Das konnte zwar bei der Studienwahl hinderlich, aber im journalistischen Feld durchaus von Vorteil sein.

Seit über 20 Jahren bin ich nun schon tätig in diesem Bereich. Und Klaus Johns hat wesentlichen Anteil daran, dass ich mein eigenes Stück am Ende doch noch finden und auf die Bühne bringen konnte. Auch viele andere Studentinnen und Studenten hat er als Lehrer mit seiner Leidenschaft, seiner Weisheit und seinem Witz geprägt. Am 19. Oktober 2004, viel zu früh, ist er schließlich gestorben – drei Jahre nach dem ebenfalls überraschenden Tod der Pianistin Barbara Maresch, für die er noch mit vollem Einsatz ein jährliches Gedenkkonzert ins Leben gerufen hatte. Im »Maresch-Johns-Konzert« wird seitdem an der Grazer Kunstuniversität beider gedacht.

Das Begräbnis selbst sei trotz des Schocks durch die Erzählungen von teils skurrilen Erinnerungen an den Verstorbenen unvergesslich gewesen, meinte Johns' Studienkollege, der Pianist, Kabarettist und Chansonnier Jörg-Martin Willnauer 2018 im Podcast-Gespräch mit der Pianistin Janna Polyzoides: »Wir konnten uns kaum halten vor Lachen«. Mit seinem Waffenrad sei der notorische Pfeifenraucher Johns gern hochthronend wie ein König durch die Grazer Leonhardstraße gefahren. Als »Hero« bezeichnet zu werden, hätte ihn wohl nur einen Lacher gekostet. Aber das ist bei wahren Helden wohl so üblich.

Sabine Hoffmann
Auf der Reise zu mir selbst mit Silvia Klement

SEIT MEHR ALS ZEHN JAHREN genieße ich sie, die magischen Momente mit Silvia. Eine ganze Woche beschäftigt mich ein Thema oder eine Frage, ich finde keine befriedigende Antwort. Dann betrete ich Silvias Raum und sie begrüßt mich mit neuen Perspektiven zu meiner Frage, ohne diese zu kennen … WOW. In diesen Jahren mit Silvia habe ich so unendlich viel über mich lernen dürfen. Als Unternehmerin, als Führungspersönlichkeit, als Mensch, als Schwester, als Tochter, als Freundin, als Frau.

Aber fangen wir von vorne an: Es gibt ein Thema, das mich antreibt in diesem Leben. Das ist der von mir gefühlte Auftrag, zur Transformation dieses Planeten beizutragen. Meine Vision ist ein Planet, auf dem alle (!) Lebewesen dieselben Chancen haben, sich zu entfalten, um einen Unterschied zu machen, in jedem Moment ihres Seins. Denn Zukunft entsteht im Hier und im Jetzt. Mit einer Reaktion, einer Entscheidung, einem

Hinschauen statt Wegschauen, der Wertschätzung für einen anderen Menschen, dem respektvollen Umgang mit Ressourcen, ich könnte die Liste unendlich fortsetzen. So weit so gut, aber wie kommen wir dort hin als Spezies, die sich über alle anderen Lebewesen dieses Planeten erhoben hat und damit in absehbarer Zeit das gesamte Ökosystem zum Kippen bringen wird?

Um nicht nur schöne, oder auch dramatische, Worte zu formulieren, habe ich mich auf den Weg gemacht. Zu mir selbst. Um mich an die beste Version meiner selbst zu erinnern (wie im Bowie-Song »Heroes« zitiert als »I remember ...«), um mich genau damit voll einzubringen auf diesem Planeten. Mit all meinen Stärken, einem offenen Herzen, Freude an der Veränderung und Umsetzungskraft für alles, was da noch auf uns zukommt.

Wie viele Menschen haben »einen Job« und »ein Leben« und empfinden diese beiden Bereiche als völlig voneinander getrennt? Diesen »Zustand« im wahrsten Sinne des Wortes möchte ich ändern! Als Unternehmerin war diese Tatsache für mich immer schon sehr schwer zu verstehen. Und ich weiß aus meinem Leben davor, dass das nicht alleine mit dem Unternehmertum zu tun hat, sondern mit meinem Bestreben, nur Dinge zu tun, hinter denen ich als Mensch stehe. Mit all meiner Präsenz, Inspiration und Freude am Leben. In jeder Situation. 100 Prozent ich.

Das bringt mich zu den drei Fragen, die ich im Laufe meines Lebens für mich klären möchte:

Wer bin ich? Wofür bin ich da? Wohin gehe ich?

Und da kommt meine Heldin Silvia Klement ins Spiel. Ich durfte die Entwicklung von Silvia in den letzten zehn Jahren live miterleben. Von der Shiatsu-Praktikerin über die Yogalehrerin hin zu einem Medium, das mich durch alle wichtigen Fragen meines Lebens und damit auf dem Weg zu mir selbst begleitet.

Der Ordner in meiner Mailbox, in der ich die Nachrichten von Silvia ablege, nennt sich »Göttinnen«. Was sie für mich zur »Göttin« macht, ist ihre unendliche Liebe, die sie für mich als Mensch aufbringt, mit all meinem Glitzer und meinen Schattenseiten. »Du hast immer die Wahl zwischen Angst oder Liebe«, sagt Silvia oft. Einfach gesagt. In Zeiten der Pandemie und der kollektiven Angst umso wichtiger. Sie lässt mich erleben, was für einen Unterschied diese Entscheidung macht.

»Was sie für mich zur ›Göttin‹ macht, ist ihre unendliche Liebe, die sie für mich als Mensch aufbringt, mit all meinem Glitzer und meinen Schattenseiten. «

Kein einziges Mal hat sie mich in meiner Einzigartigkeit infrage gestellt oder mir mein Verhalten vorgeworfen. Vielmehr erklärt sie mir, warum ich denke, handle und fühle, wie ich es eben im jeweiligen Moment tue, und hilft mir dabei, Brücken zu bauen für neue Perspektiven, Verhaltensweisen und Beziehungsqualitäten. Zu meiner Essenz.

Um meiner Vision, diesen Planeten zu transformieren, mehr Power zu geben, justiere ich gerade meine beruflichen Tätigkeitsfelder. Mit meinem Entschluss, mein Unternehmen nach mehr als 16 Jahren in die Hände meines Teams zu legen, marschierte ich also im

Herbst 2020 zu Silvia. Mit vielen Fragezeichen und Ideen. Die für mich brennendste Frage war und ist: »Wie gelingt es mir, mich als Gründerin des Unternehmens aus dem operativen Alltag zurückzuziehen, um die nächsten Themenfelder aufzuspüren und damit unseren Impact als Unternehmen weiter zu vergrößern?«

Sehr schnell war klar, dass neben kommerziellen Zielen das »Wesen« der Marke deutlich klarer herausgearbeitet werden muss. In seiner Essenz und seiner Wirkung. Um die Entkoppelung meiner Person und dem viel größeren Konstrukt zu schaffen und die energetische Verbindung dennoch aufrecht zu erhalten.

Zum Einstieg des Prozesses durfte ich in einer Mental-Übung die Energie meines Unternehmens erspüren: Unglaubliche Standfestigkeit, Wohlwollen von allen Seiten und die Sicherheit, für Probleme, die auf Unternehmen, Führungspersönlichkeiten und Teams in diesen turbulenten Zeiten zukommen, in jedem Fall eine gute Lösung zu haben. Es lag also »nur« an mir, einen Schritt zurückzumachen, um die Stärken und Potenziale meines Teams auf die Bühne zu bitten, anstatt eine*n Stellvertreter*in zu benennen.

»Es geht um einen neuen Level in der Unternehmensführung«, erklärte mir Silvia. »Wir bauen die neue Organisation nicht rund um Funktionen oder Jobtitel, zu denen wir Menschen passend machen, sondern rund um die Stärken und Anliegen der Menschen, die dort arbeiten.« Dafür personifizierten wir mein Unternehmen ambuzzador, indem ich es mir als lebendes, wachsendes Wesen vorstellte. Dann bat Silvia das »Wesen« ambuzzador durch mich mit jedem*r Einzelnen in diesem Team zu sprechen: »Dafür schätze ich Dich, dafür brauche ich Dich, das ist Dein Beitrag an unserem gemeinsamen Impact und Erfolg.« Schnell war klar, dass alles im Team vorhanden ist, was es braucht, um das Unternehmen als Kollektiv zu führen.

Die klare Aufgabe für mich als Gründerin und bis zu diesem Zeitpunkt tonangebende Geschäftsführerin: einen Rahmen zu setzen, in dem sich die Potenziale des Teams und unserer Kunden entwickeln können. Mit einem konkreten Ziel, einem emotionalen Purpose, der Orientierung für Entscheidungen gibt, und klaren Rollen für jede*n Einzelne*n. Das klingt jetzt einfach, ist es aber nicht. Daher haben wir uns für diese Aufgabe sechs Monate Zeit genommen. Um zu spüren, zu definieren, auszuprobieren, zu üben, einander noch besser zu verstehen.

Seit Mai 2021 bin ich einen Schritt hinausgegangen. Ich spüre die Kraft meiner Rolle am Rande des Spielfelds. Die Kraft des Spielraums, der entsteht, indem ich den Rahmen setze und dem Team in entscheidenden Spielzügen als Coachin zur Seite stehe. Wie sich das anfühlt? Emotional ist alles drin, von »Was mache ich mit der vielen gewonnenen Zeit?« bis »Hilfe, ich habe immer noch viel zu wenig Zeit für all das Neue«, von »Ich bin so unendlich dankbar für mein Team« bis »Das schaffen sie nie …«. Eine Achterbahn der Gefühle. Durch diese Achterbahn helfen mir Antworten auf meine Frage »Wofür bin ich da?«: Um *da* zu sein für mich und andere, mit all meiner Präsenz, Inspiration, Energie der Veränderung und Freude am Leben! Um gemeinsam jeden Tag einen kleinen Schritt dem näher zu kommen, was wir auf diesem Planeten verändern möchten und müssen.

Als Konsequenz sitze ich wieder vor einem leeren Blatt Papier. Dem nächsten Kapitel im Buch meines Lebens. Ich möchte Menschen besser verstehen. Lauschen, was sie sich wünschen für diesen Planeten und was sie bereit sind, dafür selbst beizutragen. Möchte sie dabei begleiten, sich selbst besser kennenzulernen, zu den eigenen Wünschen und Träumen zu stehen und diese zu verwirklichen. Entgegen aller Glaubenssätze, warum sich das »in diesem Leben nicht mehr ausgeht«.

Um gemeinsam zu erwachen und vieles neu zu denken und zu gestalten: Ich sehe neue Formen des Wirtschaftens, unter Einbezug aller eingesetzten Ressourcen. Weg vom Kapitalismus, hin zum Austausch von dem, was uns wertvoll ist. Ich sehe lebenslanges Lernen und Wachsen, statt ein paar Jahren des Reproduzierens und dann ewig dem System zu dienen. Offenheit und Freude für das Lösen von Herausforderungen, statt Angst und die Abgabe der eigenen Gestaltungsfähigkeit an vermeintliche Retter*innen.

Wo ich die Energie für all das hernehme, werde ich fast jeden Tag gefragt. Auch da verweise ich gerne auf meine Heldin Silvia. Schließlich lösen wir nicht nur Aufgaben aus meinem Führungsalltag, sondern vielmehr alles, was mir am Herzen liegt. Wenn ich spüre, dass ich wieder mal zu viele meiner Anteile an mein Umfeld verstreut habe, begebe ich mich ins Lichtbad, ganz gemütlich auf meinem Sofa, im Rahmen einer Fernsitzung. Im Anschluss lausche ich den Botschaften, die Silvia und die aufgestiegenen Meister mir auf den

Weg geben. Eine Reflexion meiner aktuellen Herausforderungen.

Wie ich bis hierher gekommen bin, vom »Ich lege mich auf die Matte, konsumiere Shiatsu und mache weiter wie zuvor« bis »Ich stelle mich meinen brennendsten Fragen, um die Antworten anzunehmen und, auch wenn sie schmerzhaft sind, diese dann umzusetzen«? Immer wenn ich spüre, dass mir mehr im Weg steht, als einmal kurz drüber nachzudenken, suche ich Unterstützung, um weiterzukommen in meiner Entwicklung. So bin ich auf Silvia gestoßen. Dank ihrer Lösungsmöglichkeiten für noch nicht einmal angesprochene Fragestellungen und ihrer liebevollen Begleitung habe ich in kurzer Zeit so viel Vertrauen aufgebaut, dass ich seither alle entscheidenden Weggabelungen in meinem Leben gemeinsam mit Silvia gemeistert habe. Weil es eben nicht der »harte« Weg war, sondern ein ehrlicher und klarer Weg, mit der Möglichkeit zu wachsen. Heute bin ich ungefähr in der Mitte meines Lebens, staune über die vielen neuen Denk-, Handlungs- und Lösungsmöglichkeiten, die ich in mein Repertoire aufgenommen habe und freue mich auf noch viel mehr vom SEIN.

Waltraud Klasnic
Beten kann ich auch beim Autofahren
Sr. Hildegard Teuschl CS und ihr Mut, sich des Sterbens anzunehmen

DAME CICELY SAUNDERS, die Begründerin des modernen Hospizwesens und Gründerin des sehr bekannten St. Christophers Hospice in London, fand es durchaus angebracht, Sterbende und Schwerkranke als mutige Menschen zu betrachten. Mutige Menschen, die sich, zum ersten Mal, auf diese eine letzte Reise machen. Mut ist wohl auch eine Eigenschaft, die Held*innen mitbringen. Die Vorstellung eines Helden bzw. einer Heldin auf der letzten Reise verändert sehr viel in der Begleitung von Menschen mit die Lebenszeit begrenzenden Erkrankungen. Denn wir würden mit einem Helden oder einer Heldin wohl anders sprechen, ihm bzw. ihr anders begegnen, ganz anderes zutrauen, als wenn wir bei und in einem Menschen primär auf das Leid und das Problem fokussieren.

An sich kann ich mit dem Begriff Held*in wenig anfangen. Es geht mir um die Menschen, die mir im Alltag begegnen und die alle auf ihre Weise etwas beitragen. Der Mut ist jedenfalls etwas, das Hildegard Teuschl, die manchmal als »die österreichische Cicely Saunders« bezeichnet wurde, auszeichnete. In diesem Beitrag werden wir uns gemeinsam die Eigenschaften von Held*innen anschauen, sie in Beziehung zu dieser Pionierin der österreichischen Hospiz- und Palliativbewegung setzen und uns so dieser außergewöhnlichen Frau annähern.

EIGENSCHAFT 1:
HELD*INNEN HABEN MUT

In den 1980er Jahren wurde Sterben oft als Versagen der Medizin betrachtet, und die Versorgung von Sterbenden war qualitativ mangelhaft. Da brauchte es durchaus Courage, ein Tabuthema, wie es das Sterben und der Tod waren und teilweise immer noch sind, vor den Vorhang zu holen. In einer Zeit, in der man dachte, dass die Spitzenmedizin alles wieder gut machen könne, vergaß man auf das »gute Sterben« als integralen Bestandteil von Medizin und Pflege. Hildegard Teuschl hat dieses Thema mutig aus dem Dunkel des Vergessens geholt und sich für ein würdevolles Sterben eingesetzt.

EIGENSCHAFT 2:
HELD*INNEN VERFÜGEN OFT ÜBER SUPERKRÄFTE

Fragt man Weggefährt*innen von Sr. Hildegard Teuschl CS, so würden diese ihr vermutlich keine Superkräfte attestieren. Aber sie haben sie als tatkräftige Frau erlebt, sie würden sie als willens beschreiben, ein kalkuliertes Risiko einzugehen und als beharrlich, schnell in der

Umsetzung und zielstrebig. Aus diesem Blickwinkel war sie wohl eher eine Pionierin, wie sie im Buche steht, als eine Heldin. Eine Gestalterin und Netzwerkerin mit Weitblick. Eine wichtige Kraft für Sr. Hildegard war ihr Glaube. Hildegard Teuschl, die 1937 geboren wurde und als Älteste von drei Geschwistern in Wien aufwuchs, studierte nach der Matura Lehramt und engagierte sich schon während des Studiums in sozialen Projekten. 1962, nach ihrem Studium, trat sie in die Schwesterngemeinschaft der Caritas Socialis (CS) ein. Die Caritas Socialis wurde von Hildegard Burjan (1883-1933) gegründet. Deren Leitmotiv war, »die Not der Zeit zu erkennen«. Nach diesem Motiv lebte und wirkte auch Hildegard Teuschl – in vielen Bereichen und besonders im Kontext der Hospiz- und Palliativversorgung, denn sie sah die Not, in der sich viele schwer kranke und sterbende Menschen und deren Angehörige befanden.

EIGENSCHAFT 3:
HELD*INNEN BEWEGEN SICH MIT AUSSERGEWÖHNLICHEN MITTELN FORT UND VERWENDEN IMMER DIE NEUESTE TECHNIK

Hier werden sich bei den Leser*innen dieses Beitrags wohl die Geister scheiden, ob ein blitzblauer Ford Escort ein außergewöhnliches Fortbewegungsmittel ist. Sr. Hildegard war eine begeisterte Autofahrerin und mit diesem Auto war ihr es möglich, ihre eindrucksvolle Präsenz an vielen Orten wirken zu lassen. Auf die Frage, wann sie denn in ihren übervollen Tagen Zeit für ein Gebet habe, antwortete sie einst: »Beten kann ich auch beim Autofahren.« Sie war pragmatisch und sehr effizient. An der Verwendung der neuesten Technik war Hildegard Teuschl sehr interessiert. Vermutlich wäre sie auch in der heutigen, herausfordernden Zeit der Pandemie rasch der Frage nachgegangen, wie wir Nähe neu definieren können und hätte dies in Online-Konferenzen diskutiert.

EIGENSCHAFT 4:
HELD*INNEN LÖSEN PROBLEME FÜR ANDERE

Im Hinblick auf diese Eigenschaft wage ich zu behaupten, dass Sr. Hildegard mit Sicherheit keine Heldin war. Denn sie löste keine Probleme für andere, sie setzte auf Selbstbefähigung. Sie schaffte Strukturen, damit es überhaupt zu weniger Problemen kam, und sie lehrte andere Menschen, wie diese zu effektiven Helfer*innen werden konnten. Hildegard Teuschl war eine Bildungsexpertin. Bevor sie sich hauptsächlich den Themen des Lebensendes und damit auch der Grundsteinlegung für ein heute weit über die österreichischen Landesgrenzen hinweg beachtetes Hospiz- und Palliativsystem widmete, führte sie ihre pädagogische Rolle früh in ein Feld, in dem soziale Themen und Herausforderungen einen großen Stellenwert besaßen. Sie unterrichtete in einer Schule für »schwererziehbare Mädchen«, wie dies Mitte des 20. Jahrhunderts hieß, und absolvierte Zusatzausbildungen in Sozialer Arbeit, Gruppenpsychotherapie und für die Erwachsenenbildung. 1966 wurde sie Leiterin des Caritas Ausbildungszentrums für Sozialberufe in Wien. In dieser Position, die sie bis 1998 innehatte, ent-

wickelte Hildegard Teuschl mit der Kraft einer Visionä-
rin in den 70er Jahren zahlreiche nachhaltige Aus- und
Weiterbildungen. Viele dieser Ausbildungen wurden zu
einem Fundament in der österreichischen Bildungsland-
schaft. Unter ihrer Leitung entstanden unter anderem
die Akademie für Sozialarbeit, die Fachschule für Alten-
dienste und die Schule für Sozialdienste sowie Lehr-
gänge für Behindertenarbeit für Berufstätige – um nur
eine kleine Auswahl zu nennen.

Auch in der Hospiz- und Palliativbewegung war Bil-
dungsarbeit von Anfang an treibende Kraft und agiler
Motor. Im Jahr 1978 führte Hildegard Teuschl den ersten
Kurs für Lebens-, Sterbe- und Trauerbegleitung in
Österreich durch. Sie gründete die renommierte Kardi-
nal-König-Akademie in Wien mit den Schwerpunkten
Sozialmanagement, Palliative Care und Ordensentwick-
lung sowie den Universitätslehrgang für Palliative Care.

Als Bildungsvisionärin mit dem Anspruch »praxis-
taugliches Lernen« zu ermöglichen, schuf sie gemeinsam mit anderen 1998 den ersten interdisziplinären Pal-
liativlehrgang in Österreich. Gemeinsam mit Andreas
Heller, Stein Husebö, Peter Fässler-Weibel und Christian
Metz, um nur einige zu nennen, prägte Hildegard
Teuschl von Anfang an den Bildungsbereich der österreichischen Hospiz- und Palliativkultur.

2006 ging für Sr. Hildegard Teuschl ein Traum in
Erfüllung: Der dreistufige Universitätslehrgang Pallia-
tive Care wurde akkreditiert. Seit Anbeginn wird dieser
Universitätslehrgang von den drei Organisationen Dach-
verband Hospiz Österreich, dem Bildungshaus St. Virgil
Salzburg und der Paracelsus Medizinischen Privatuni-

versität Salzburg getragen und veranstaltet. Hildegard Teuschl war Pionierin des multiprofessionellen Lernens und einer multiprofessionellen Haltung. Der Universitätslehrgang verbindet den Ansatz der Multiprofessionalität mit der Möglichkeit, sich auch vertiefend mit Inhalten der eigenen Profession (etwa Pflege oder Medizin) auseinanderzusetzen – immer die praktische Relevanz der Inhalte im Fokus. Das Erfolgsmodell dieses Universitätslehrganges hat dazu geführt, dass bislang knapp 5.000 Teilnehmer*innen Level 1 (den Interprofessionellen Palliativbasislehrgang), das an zehn österreichischen Standorten und auch im deutschen Bamberg angeboten wird, abgeschlossen haben. Im Jahr 2021 wird der tausendste Abschluss eines Vertiefungslehrgangs (Level 2) stattfinden. Und bereits über 400 Absolvent*innen haben den Abschluss des*der Experten*in beziehungsweise des MSc Palliative Care (Level 3) erreicht. Dem Universitätslehrgang wurde im Jahr 2017 der »Award for Palliative Care Leadership Programmes« der Europäischen Palliativgesellschaft (EAPC) und der European Palliative Care Academy (EUPCA) verliehen.

EIGENSCHAFT 5:
HELD*INNEN SIND OFT EINZELKÄMPFER*INNEN

Hildegard Teuschl war auch unter diesem Gesichtspunkt keine Heldin. Denn sie war überzeugt: »Was alle angeht, können auch nur alle gemeinsam angehen«. Und Lebensqualität am Lebensende geht uns alle an. Ab 1987 verfolgte sie konsequent ein Ziel: Die Implementierung der Hospiz- und Palliativversorgung in Österreich. Als

Netzwerkerin und in ihrer Rolle als Vorstandsmitglied der Internationalen Gesellschaft für Sterbebegleitung und Lebensbeistand (IGSL) zwischen 1987 und 1995 brachte sie internationale und nationale Ideen und Visionen zur Umsetzung. So traf sie damals auch Dame Cicely Saunders. 1993 setzte sie einen weiteren nachhaltigen Schritt für die österreichische Hospiz- und Palliativversorgung: Sie gründete Hospiz Österreich, den Dachverband der österreichischen Hospiz- und Palliativeinrichtungen, dem sie bis 2008 selbst als Präsidentin vorstand. Die Ziele des Dachverbandes waren und sind bis heute die Umsetzung einer flächendeckenden abgestuften Hospiz- und Palliativversorgung sowie deren langfristig gesicherte Finanzierung. Hospiz- und Palliativversorgung soll für alle in Österreich lebenden Menschen, die sie brauchen, erreichbar, zugänglich und leistbar sein. So wird Lebensqualität bis zuletzt für schwerkranke und sterbende Menschen möglich. Diese Lebensqualität kann unter anderem dadurch erreicht werden, dass die Patient*innen und ihre An- und Zugehörigen im Zentrum der multiprofessionellen Hospiz- und Palliativbetreuung und -begleitung stehen und so bis zuletzt ein Leben in Würde, mit Autonomie und weitgehender Freiheit von Schmerzen und anderen belastenden Symptomen körperlicher, psychisch-sozialer und spirituell-existenzieller Natur möglich ist. Das bedarf natürlich eines umfangreichen Wissens bei allen haupt- und ehrenamtlichen Mitarbeiter*innen. Daher ist ein weiteres Ziel von Hospiz Österreich ausreichend Aus-, Fort- und Weiterbildungen zu entwickeln und anzubieten. Besonders großer Wert wird auf interdisziplinär-multiprofessionelles Lernen der verschiedenen Professionen – gemeinsam mit Ehrenamtlichen – gelegt. Wir leben in einer Zeit, in der nicht nur Profis und ehrenamtliche Hospizbegleiter*innen ausreichend fundiertes Wissen zu Themen des Lebensendes haben sollten. Alle in Österreich lebenden Menschen sollen die Möglichkeiten der Hospiz- und Palliativversorgung kennen, um damit für sich selbst und für andere das Lebensende gestalten zu können.

Hildegard Teuschl hat mit ihrem Leben gezeigt, dass Mut, Willensstärke, Glaube, Veränderungswille, Durchhaltevermögen, Hinsehen, Empathie, Bildung, wahres Interesse für Bedürfnisse und das Eingebettetsein in eine Gemeinschaft dabei helfen können, dass schwerkranke und sterbende Menschen in einer oft sehr einsamen Zeit Nähe, Geborgenheit und eine hochqualitative Begleitung und Versorgung erhalten. Mittlerweile gibt es österreichweit über 380 Einrichtungen der spezialisierten Hospiz- und Palliativversorgung, und in zahlreiche Angebote der Grundversorgung, etwa in Alten- und Pflegeheimen, hat Hospizkultur Einzug gehalten.

2009 starb Sr. Hildegard Teuschl im Alter von 72 Jahren. Sie und ich tragen den gleichen Taufnamen, Waltraud. Hildegard war der von ihr beim Ordenseintritt gewählte Name. Ich darf an ihrem großen Werk gemeinsam mit Haupt- und Ehrenamtlichen weiterbauen. Sie hat mir Mut und Vertrauen geschenkt, dass ich etwas kann, ohne es vorher gemacht zu haben. Ihre Aussaat hat inzwischen reiche Frucht gebracht, wir sprechen, entscheiden und arbeiten voll Dankbarkeit in ihrem Sinne weiter.

Christian Lagger

Auf Augenhöhe mit Harry Krenn

AUGENHÖHE MIT HARRY KRENN zu halten ist fast nicht möglich. Dies ist nicht seiner stattlichen Körpergröße oder seinem nunmehrigen Dasein im Rollstuhl geschuldet, sondern der Art, auf die er Augenhöhe versteht und wie er sie lebt. Einer seiner wiederkehrenden Orientierungssätze lautet: Der Schwächste ist das Maß der Dinge. Immer. So bemisst er Augenhöhe. Der Blickverdichtung auf den und die Schwächsten hat er viele Jahrzehnte seines Lebens gewidmet und dabei gezeigt, was möglich ist. Und: wie diese Art von Augenhöhe Menschen verändern kann. Harry Krenn sieht die Not der Menschen. Immer dort, wo er gerade ist, spürt und fühlt er, was nötig ist und ermächtigt sich, zu tun, was der Situation entspricht. Helfen geht immer. Nicht warten, bis andere etwas tun, selber tun – jetzt. Irgendwie hat Harry Krenn den Satz Mahatma Gandhis verinnerlicht: »Sei Du selbst die Veränderung, die Du von der Welt willst.«

Harry Krenn lebt als mittlerweile 88-Jähriger schon einige Zeit in einem Grazer Alten- und Pflegeheim. Er ist auf Hilfe angewiesen und erhält sich mit seinem Rollstuhl eine überschaubare, aber ihm wichtige Mobilität und Selbstständigkeit. Sein Händedruck ist nach wie vor fest und seine Arme sind kräftig, weil er konsequent trainiert. In seiner Jugend war er beim selben Trainer wie Arnold Schwarzenegger (Kurt Marnul). Sport war ihm zeit seines Lebens wichtig, und Teilhabe am Sport erschien ihm immer als ein grundlegendes Menschenrecht.

Aber darüber später mehr. Auch im Altenheim nimmt Harry Krenn Not wahr. Wenn er Not sieht, problematisiert er nicht im Sinne einer Systemkritik lange herum. Das brauche zu viel Zeit, ohne dass jemandem wirksam geholfen würde. Dabei ist er aber nicht naiv: Natürlich sieht er systemische Ursachen für Not, aber helfen können nur konkrete Menschen in konkreten Situationen. Und konkrete Taten haben das Potenzial, langfristig auch das Denken zu verändern, ebenso wie durch scheinbar unverrückbare Axiome bestimmte Systeme.

Also: Harry Krenn, selbst Bewohner eines Altenheimes, nimmt wahr und stellt fest, dass Menschen in Heimen und mit Gehbehinderungen kaum mehr fähig sind, am Leben teilzuhaben. Teilhabe am Leben schenkt Freude und Sinn. Nichtteilhabe führt zu Stumpfsinn und Trostlosigkeit. Teilhabe setzt aber ein Mindestmaß an Mobilität voraus. So ruft er einen Freund an und startet eine Initiative für den Erwerb eines Carellos. Ein Carello ist ein fahrbarer Untersatz für mindestens zwei Personen, mit dem man auch in der Innenstadt herumfahren und einen Kaffeehausbesuch und Besichtigungen durchführen kann. Dieses Projekt wird nicht realisiert, aber das Anliegen, allen Teilhabe zu ermöglichen, konsequent weiterverfolgt: Er beauftragt Freunde, für einsame Menschen im Heim einen Besuchsdienst einzurichten. Die Initiative »Teilhabe gegen Vereinsamung« wirkt.

»Die Menschen, die alt und krank sind, brauchen nicht nur die pflegerische Aufmerksamkeit. Sie brauchen vor allem die Kontakte, die Familie, die Ansprache! Sie wollen am Leben teilhaben! Man darf die alten Menschen nicht aussortieren, man muss sie miteinbeziehen; und wenn jemand nicht mehr reagieren kann, hört und spürt er trotzdem noch etwas. Deshalb ist jeder, der an die alten Menschen denkt, sie besucht und mit ihnen redet, ein ganz wichtiger Bestandteil im Leben eines jeden Menschen, der nichts mehr fürchtet, als das Alleinsein.«

Menschen aus unterschiedlichen gesellschaftlichen Milieus und von unterschiedlichem Lebensalter zusammenzuführen, um eine gute Zeit miteinander zu verbringen, war und ist eine der Stärken von Harry Krenn. Er lud 1999 – angeregt von einer Aktion des Christoph Schlingensief mit Bettlern in Rahmen des »steirischen herbst« – die Mitglieder des Biker-Clubs »Joe's Motorcycle« dazu ein, Obdachlose, die im Marienstüberl ihre Mahlzeit zu sich nahmen, am Sozius mitzunehmen. In einer Kolonne wurde die Stadt durchquert, um schlussendlich mit den Bewohnerinnen und Bewohnern im Caritas Altenheim von Straßgang ein fröhliches Fest zu feiern. Diese Aktion wiederholte sich mehrere Jahre

hindurch mit bis zu 170 Motorrädern. Not sehen, nachdenken (nicht zu lang!), eine Initiative setzen und, sollte
diese scheitern, eine neue Initiative setzen – das ist die
Vorgehensweise des Harry Krenn.

HARRY KRENN WURDE IN SCHWERER ZEIT am 11. Juli 1933
in Graz geboren und wuchs in Graz und Dillach
(Gemeinde Mellach) auf. Aufgrund der Kriegswirren
besuchte Harry sechs verschiedene Volks- und Haupt-
schulen. Das Lernen von Lesen, Schreiben und Rechnen
war unter diesen Umständen mehr als suboptimal. Kein
guter Start ins eigenständige Leben. Kurz war die Über-
legung da, mit einigen Freunden nach Kanada mitzu-
gehen und Neues zu wagen. Der Vater starb bei einem
Arbeitsunfall schon 1949. Harry hatte zwei jüngere
Schwestern und fühlte sich für diese und seine Mutter
verantwortlich. So wurde aus Kanada nichts. In diesen
frühen Tagen schon zeigt sich sein Sinn für das Soziale:
das Bedürfnis, Leute in Not nicht schutzlos im Regen
stehen zu lassen.

Harry Krenn machte eine kaufmännische Lehre,
begann bei der Firma Reininghaus im Außendienst und
arbeitete dann im Einkauf und Expedit. Später wurde
Harry Krenn Betriebsrat, noch etwas später Obmann des
Betriebsrats, bis zu seiner Pensionierung im Jahre 1990.
Im Unternehmen der Reininghaus GmbH entwickelte er
im Betriebsrat Leadership-Qualitäten für prosozialen
Einsatz. Seit 1970 engagierte sich Harry Krenn ehrenamtlich für Menschen in Not. Der andere Mensch war
und ist für ihn immer Mitmensch und nicht irgendeiner.
Als Ministrant hat er einmal überlegt, Priester zu wer-

den, aber die Idee wurde aufgrund der geforderten Ehe-losigkeit bald verworfen, denn wie er, der heutige Vater dreier Kinder, selbst über diese Zeit sagt: »Die Frauen haben mir zu gut gefallen …«

An einem Novemberabend im Jahre 2005 hielt ich in einem Grazer Rotary Club einen Vortrag. Neben mir saß der mir damals noch unbekannte Harry Krenn, um eine Geldspende von Rotary für sein Wohnungsprojekt für Obdachlose – dem Team ON (»ON« für »Ohne Nest«) – in Empfang zu nehmen. Während des Abendessens berich-tete er mir ausführlich vom Team ON und den zwei Wohnprojekten Grünangersiedlung und Rankengasse 22. Drei Wochen nach unserer ersten Begegnung brachte ich als eine – von mir kommunizierte, durch Harry Krenn angeregte – Spende meines damaligen Chefs, dem Diöze-sanbischof Dr. Egon Kapellari, eine neue Waschmaschine in die Rankengasse 22. Seither bin ich Mitglied der Ehrenamtsgruppe »Team ON Lobby«. So wie mir ging es vielen anderen auch. Harry lässt kaum eine Begegnung aus, zu versuchen, sein Gegenüber für seine Anliegen einzunehmen. Von Harry Krenn wurden viele quer über Partei-, Milieu- und Berufsgrenzen hinweg berufen, sich in der Team ON Lobby zu engagieren. Seinem Charme und der Gewichtigkeit seines Anliegens war und ist schwer zu widerstehen. Für die vielen seien stellvertre-tend einige, bereits verstorbene, prominente Team-ON-Mitglieder und -Unterstützer in loser Aufzählung ge-nannt: Josef Krainer (Landeshauptmann), Helmut Strobl (Stadtrat), Ulrich Santner (Unternehmer Fa. Anton Paar), Josef Kassler (Generaldirektor Steiermärkische Spar-kasse), Emil Breisach (Akademie Graz) …

Das Team ON entwickelte sich seit seiner Gründung 1994 zum Herzensprojekt von Harry Krenn. Er begann in den 1980er und 1990er Jahren, obdachlose, meist suchtkranke Menschen, in der Nacht am Grazer Hauptplatz und Bahnhof anzusprechen und an einen sicheren und warmen Platz zu bringen. Nicht selten war dieser Platz im damaligen Landesnervenkrankenhaus Graz (heutige Sigmund Freud Klinik). Dort wurden in Zusammenarbeit mit Primarius Dr. Joachim Berthold obdachlose und suchtkranke Menschen je nach Situation vorübergehend ambulant und stationär aufgenommen. Mitglieder des Team ON stellten sich als Nachtdienst zur Verfügung, um sich bei Anrufen der Polizei um jene Obdachlosen zu kümmern, bei denen die Einsatzkräfte »mit ihrem Latein am Ende« waren.

Das vordringlichste Ziel von Harry Krenn war es, obdachlosen Menschen eine dauerhafte Wohnversorgung zu ermöglichen. Deshalb bemüht sich das Team ON um Wohnungsbeschaffung für Menschen, die obdachlos sind und aus unterschiedlichen Gründen daran scheitern, Wohnraum zu organisieren. Es ist nötig, auch das Wohnen selbst zu begleiten, weil oft die Fähigkeit zum eigenständigen Wohnen nicht ausreichend vorhanden ist. Dazu gehört die Unterstützung beim Einrichten, beim Einhalten der Mindeststandards bezüglich der Sauberkeit einer Wohnung und nicht selten auch beim störungsfreien Umgang mit Nachbarn. Das Team ON war und ist, mittlerweile als Teil der Caritas, für jene Menschen da, die selbst niederschwellige Regeln und Vereinbarungen nicht kontinuierlich und eigenständig einhalten können.

DIE STADT GRAZ HAT DAS WIRKEN von Harry Krenn und seinem Team ON in der Barackensiedlung Grünanger von Anfang an nicht nur geduldet, sondern auch unterstützt. Auch die Mietwohnungen in der Rankengasse 22 wurden von der Stadt Graz zur Verfügung gestellt. Am Grünanger hat Harry Krenn Studenten, die als Ehrenamtliche für den Bauorden arbeiteten, sowie Lehrende und Schüler*innen einer HTL in Graz eingespannt, zur baulichen Hebung der Wohnqualität der dort Wohnenden. Das ging vom Bau einer Rampe für einen Rollstuhlfahrenden bis hin zu Renovierungsarbeiten an den Holzhäusern. Dabei hat Harry Krenn die Individualität und die Eigenheiten der Bewohnerinnen und Bewohner der Barackensiedlung immer geachtet. Er erzählt öfters davon, dass etliche Haftentlassene mit einer Gewalt-Vorgeschichte dort »unterkamen«. Harry Krenn versuchte die dort Lebenden vom Ideal der Gewaltfreiheit und des Gewaltverzichts zu überzeugen. »Jesus ist kein Revanchegegner«, sagte er. Man müsse bereit sein, »die andere Wange hinzuhalten«. Die Ausführungen Harrys stießen meist auf wenig Verständnis und wurden von einem Bewohner so kommentiert: »Wenn einer seine Linke aufzieht, hat er von meiner Rechten schon zwei bekommen ...« Aber, so Harry Krenn, »Gewalt kann nur aufhören, wenn einer aufhört, zurückzuschlagen«. Durch von ihm organisierte Besuche auf Augenhöhe auch von bekannten Persönlichkeiten, wie dem damaligen Weihbischof und jetzigen Erzbischof von Salzburg, Franz Lackner, wollte er den Menschen ihre immer vorhandene Würde zeigen: »Ihr seid nicht vergessen, und Ihr seid wer.« Beim Fest der Amtseinführung des Erzbischofs Franz Lackner in Salzburg war Harry Krenn mit Bewohnern aus dem Grünanger anwesend. Welche Freude für alle Beteiligten!

In der Rankengasse 22, dem zweiten Wohnprojekt des Team ON, formte Harry Krenn gemeinsam mit der Hausverantwortlichen Eva Lenger eine Hausgemeinschaft, wo Schwache Schwächeren helfen und wo die Team ON Lobby sich regelmäßig traf, um zu beraten und manchmal mit den Bewohnern zu essen und zu feiern. Ein Sportraum wurde eingerichtet, und eine Bibliothek. Begleitet wurde dieses Projekt jahrelang vom damaligen Pfarrer von Graz-St. Andrä und heutigen Bischof von Innsbruck, Hermann Glettler. Für Harry Krenn war und ist die Kirche ein Ort, wo notleidenden Menschen ohne Wenn und Aber immer geholfen wird. Und eigentlich ist dies gemäß seiner Überzeugung auch ihre eigentliche Aufgabe und wichtigste Botschaft. Sein Wirken im Kontext der Kirche fand eine schöne Bestätigung bei einem Gottesdienst zu seinem 80. Geburtstag, als ihm Bischof Wilhelm Krautwaschl zum Segen die Hände auflegte. Harry Krenn orientiert sich an Jesus: »Jesus ist der Weg. Wenn wir nach seinen Worten leben, können wir nichts falsch machen. Glaube, Hoffnung und Liebe sind die Haltungen. Das Wichtigste ist die Liebe.« Harry ist ein unverdrossen gläubiger Mensch mit heiterem Gemüt.

Sport ist für Harry Krenn ein wesentlicher Bereich der Teilhabe am gesellschaftlichen Leben. Als Obmann der Diözesansportgemeinschaft (DSG) hat er seit den 1970er Jahren viel initiiert: Behindertensport gemeinsam mit den in den heutigen Lebenswelten der Barmherzigen Brüdern in Kainbach Wohnenden, aber auch

Sportveranstaltungen für und mit sogenannten Randgruppen wie Obdachlosen, Suchtkranken (Initiative: Sport und Kultur gegen Drogen) und Haftentlassenen. Diese Veranstaltungen fanden nicht selten an ungewöhnlichen Orten statt, zum Beispiel am Gelände der heutigen Sigmund Freud Klinik. Zwei weitere Sportaktionen seien kurz benannt: Der heute berühmte Homeless-Worldcup, ein internationales Fußballturnier mit Obdachlosen, das im Kulturhauptstadtjahr 2003 weltweit erstmals in Graz durchgeführt wurde, geht auf eine Idee und Aktion von Harry Krenn zurück. Ab den 1970er Jahren fanden auf seine Initiative hin Schikurse und Schiurlaube auf der Rosatinalpe für Familien statt, die sich das sonst nie leisten konnten. Wichtig war ihm dabei, dass sozial abgesicherte Familien und sozial fragile Familien gemeinsam den Urlaub als Zeit der Begegnung verbrachten. Harry Krenn mag keine Gettoisierungen. In gleicher Weise ist die Teilhabe an Kultur Ausdruck eines »normalen« gesellschaftlichen Lebens. Harry Krenn konnte den Grazer Bürgermeister überzeugen, seine Loge in der Grazer Oper zur Verfügung zu stellen. Obdachlose wurden im Carla-Shop der Caritas eingekleidet und verlebten so unvergessliche Stunden inmitten der wohlgesetzten Worte und Klänge. Danach wurde auf ein Gulasch und Bier eingeladen und die Eindrücke im Gespräch ausgetauscht.

Die Vorgehensweise von Harry Krenn hatte und hat Kreativ-Spontanes und auch Anarchisches an sich. Er war und ist sich selbst und seiner Mitwelt gegenüber anspruchsvoll. Wenn es um die Not von Menschen geht, will er nicht aufgeben. Es ist seine Lebendigkeit und

Leidenschaft, Ideen zu haben und weiterzugeben, die den Schwächeren helfen. Harry Krenn verstand sich stets als »Troubleshooter« und »Spring-ins-Feld«. Meist waren seine Ideen assoziativ, weder konzeptionell durchdacht, noch finanziell ausreichend berechnet: »Erst wenn für eine Sache kein Geld da ist, fängt die richtige Arbeit an.« Und: »Bei uns gibt es nur Versuche, keine Konzepte.« Harry Krenn lebte stets die Überzeugung, dass man nicht nur dann etwas beginnen solle, wenn zuvor alles von A bis Z geklärt wurde. Der erste Schritt sei zu setzen, sobald etwas als richtig und notwendig erkannt worden sei. Weitere Schritte folgten meist ohnedies, wenn mutig und entschlossen der erste einmal gesetzt werde. Harry Krenn plädiert dafür, aufmerksam durchs Leben zu gehen und sich von Dingen, »die man am Weg findet«, zur Tat inspirieren zu lassen.

Harry Krenns Initiativen waren zum Zeitpunkt ihrer Umsetzung meist nicht im professionell-sozialen System vorgesehen. Sein Wirken stand nicht selten im Kontrast und in Spannung zur institutionellen Hilfe. Caritas-Präsident Franz Küberl bezeichnete Harry Krenn einmal als eine Mischung aus »Franziskus von Assisi und Bud Spencer«. Er sei ein großer Anreger und ein nimmermüder Ideengeber der Caritas gewesen. Besonders in der Obdachlosen- und Wohnungsfrage sind heute viele seiner Ideen in den Regelbetrieb der Caritas übergegangen (Notschlafstellen und Wohnungsunterstützung / Team ON). Das ist gut so.

DAS WIRKEN VON HARRY KRENN kann dazu ermutigen, auf menschliche Not intuitiv, kreativ und unternehmerisch-spontan zu antworten. Etablierte Sozialeinrichtungen können das mitmenschliche Handeln des Einzelnen nicht ersetzen. Es braucht auch in Zukunft Menschen wie Harry Krenn, die durch ihr Handeln die karitative Antwortfähigkeit der Sozialinstitutionen herausfordern und ergänzen. Denn die Not der Menschen kenne, so Harry Krenn, keine Pausen. Helfende Liebe auch nicht, sie wird 7 Tage die Woche und 24 Stunden am Tag benötigt: »Wenn der, der uns braucht, morgen stirbt, werden wir trotzdem heute noch alles für ihn tun, was wir können!«

Auf Augenhöhe mit Harry Krenn zu sein ist nicht leicht, vielleicht auch nicht immer angenehm. Liebe ist, wenn sie sich einem armen und geplagten Mitmenschen zuwendet, vermutlich auch bisweilen nicht als angenehm erfahrbar. Aber sie ermöglicht Begegnungen von überraschend beglückender Lebendigkeit. Hilfe ist substanziell Begegnung auf Augenhöhe. Harry Krenn hat das Maß seiner Augenhöhe in folgende Sätze gegossen. Diese Sätze könnten auch uns anregen, der aufmerksamen und hilfsbereiten Liebe mehr Raum zu geben:

Liebe, Hoffnung und Glaube sind das Wichtigste.
Das Maß aller Dinge ist der Schwächste.
Gleichklang entsteht durch Augenhöhe –
ich bin nicht mehr als Du und Du bist nicht mehr als ich.
Mache aus Deinem Tun kein Tauschgeschäft.
Gewalt hat keine Zukunft.
Wir suchen immer nach dem Guten im Menschen.

Der Autor dankt für wertvolle Hinweise Georg Aulinger, Harry Baloch, Alfred Tschandl, Franz Waltl und natürlich Harry Krenn.

Werner Lanthaler
Im Ring mit Mike Tyson
oder: Warum Aufstehen wichtiger ist als K.-o.-Schlagen

EIN HELD, DER MICH SEIT JUNGEN JAHREN begleitet, ist Mike Tyson. Moment, werden Sie sagen, wie kann man jemanden als Helden bezeichnen, der seinem Gegner Evander Holyfield ein 1,5 cm langes Stück von seinem Ohr abgebissen hat? Wie kann man jemanden einen Helden nennen, der rechtskräftig wegen vieler Delikte verurteilt wurde und unter anderem wegen Vergewaltigung im Gefängnis war? Nun, es ist nicht die Person des Mike Tyson, es sind die Muster, die »Iron Mike« in seinem Leben zeichnet, die meine Faszination mit dem wohl härtesten Boxer aller Zeiten ausmachen.

Schicksalsschläge lassen manchmal sogar die eiserne Faust des »Kid Dynamite«, wie Mike Tyson in seinen jungen Jahren genannt wurde, schmächtig und kraftlos aussehen. Wie heftig das Leben zuschlagen kann, erfahren wir ja zum Glück erst dann, wenn wir Dinge wie Krankheiten, Tod, Trennungen oder andere Krisen erleben. Für mich ist jeder ein Held, der eine Krise bewusst erlebt und gemeistert hat. Meine größten Helden sind die, die eine Krise, einen Rückschlag oder ein K. o. nicht nur meistern, sondern sich helfen lassen, und daraus tatsächlich etwas lernen können.

Der Alltag und das Heldentum der meisten Menschen, auch von mir, sind das genaue Gegenteil vom Alltag und Heldentum des Mike Tyson. Wir erleben und bewältigen unsere Kämpfe langsam und leise. Unsere Krisen und Niederlagen kommen schleichend, ohne Scheinwerferlicht und Fanfaren. Wir erleben nicht einen einzigen harten Schlag, der vielleicht zu Sieg oder Niederlage führt; die meisten Dinge, die uns tatsächlich niederwerfen, kommen leise und in Raten, und das macht sie noch viel gefährlicher als einen Schlag ins Gesicht oder in den Magen. Aber einige unserer Krisen kommen auch völlig unerwartet, wie der rechte Aufwärtshaken von Mike Tyson gegen Michael Spinks im Jahr 1988, der Spinks in seiner Boxkarriere nie wieder hochkommen ließ – ansatzlos, völlig unerwartet, und dennoch innerhalb von einer Sekunde lebensverändernd. Der Boxring ist die konzentrierte, in Seile gefasste Form unseres Lebens. Der »Boxring« in unser aller Leben ist die unerwartete Diagnose vom Arzt, der Unfall, das Kündigungsschreiben oder die Beziehungskrise, die alles ins Wanken bringt.

Wenn man den Boxsport über viele Jahre und Kämpfe verfolgt, erkennt man ein Muster, das für mich wahre Helden definiert. Meine Helden sind die, die immer wieder versuchen aufzustehen, egal wie hart, unerwartet, unfair oder eben auch gerechtfertigt ein Niederschlag war. Mike Tyson hat leider, selbst nach anfangs unproblematischen Niederschlägen, nicht gelernt wieder aufzustehen. Er ist wohl das genialste der unvollendeten Kunstwerke der Boxwelt. Er ist die neunte Symphonie des Schwergewichts, ein Held, dessen Licht hell strahlt, aber sicher auch große Schatten wirft.

Mike Tyson hat viel zu spät begonnen aus Rückschlägen zu lernen, und so ganz vielen Menschen gezeigt, wie sie genau das für sich selbst besser machen können. Auch das Leben als »Shooting Star«, der an sich selbst gescheitert ist, kann einen zum Helden machen, insbesondere wenn man wie Mike Tyson nach vielen Irrungen und Wirrungen beginnt, ganz offen über verpasste Lernchancen zu sprechen und zu schreiben – an dieser Stelle mein Buchtipp: Mike Tysons Autobiografie »Undisputed Truth«.

Eine große Klappe haben viele Boxer, aber seit ich kurz vor meiner Matura zum ersten Mal seinen legendären Spruch »Everyone has a plan until they get punched in the mouth« hörte, hat mich Mike Tyson auf meinem Lebensweg immer mental begleitet. Die Klarheit und Einfachheit dieses Strategie- und Lebensverständnisses ist einfach wunderbar. Es ist wie eine ungezähmte Weisheit, die weniger einem genialen Gehirn, sondern eher einer brutalen Faust entspringt. Mike Tyson kannte nur den Angriff, er kannte kaum Verteidigung. Vor allem wusste er nicht, wie man Hilfe annimmt, um nach einem Niederschlag vielleicht doch wieder aufzustehen.

IN DEN JAHREN 1985–86 standen meine Freunde und ich spät nachts auf, um im damals neuen Farbfernsehen der rohen Gewalt zu huldigen. Ein Boxkampf musste live erlebt werden, denn wahre Helden werden nicht in Videoaufzeichnungen geboren. Der Weg zum ersten Weltmeistertitel war für den 20-jährigen Mike eine Reihe von nur wenige Minuten andauernden Kämpfen.

Tyson gewann seine Kämpfe alle auf eine so eindrucksvolle Art und Weise, dass man schon sehr bald vom größten Boxer aller Zeiten, noch größer als Muhammad Ali, zu sprechen begann. Er war roh, pur, brutal, es war, als hätte man einen wilden Hund von der Leine gelassen. Tysons Schläge waren hart, er war schnell, unglaublich beweglich, trotz über 110 kg Kampfgewicht, seine Deckung war, vor allem in jungen Jahren, makellos, sein ansatzloser Haken war hart wie ein

> » Alle Helden müssen fallen, denn erst das Aufstehen macht sie wirklich zu Helden. Wahre Helden wissen aber vor allem, dass ein Kampf erst vorbei ist, wenn der Ringrichter bis zehn gezählt hat. «

Eisenhammer. Tyson war eigentlich ca. 20 Zentimeter zu klein fürs Schwergewicht, aber so gut, so wild und so zielorientiert, dass er unbesiegbar schien. Die ersten 19 Kämpfe seiner Profikarriere gewann er durch K. o., zwölf davon in der ersten Runde. Zuschauer bezahlten Rekordpreise für typischerweise weniger als drei Minuten »Unterhaltung«. Nach dem Abtritt von Muhammad Ali war nun wieder etwas Magisches in die Hallen des Boxsports eingezogen. Diesmal in Form des ungehobelten Rebells, mit Brutalität statt Eleganz, ein Mann, der aus ganz anderen Motiven gleichermaßen ein Held für Männer und Frauen in den Boxarenen von Las Vegas war, und alle in seinen Bann zog. Was machte ihn so besonders? Man konnte sich nicht vorstellen, dass es jemals jemanden geben würde, der diesen Muskelberg, diese Kampfmaschine, zu Fall bringen könnte.

Doch da war es plötzlich, dieses Muster, das man nicht hatte vorhersehen können. Es kam langsam, schleichend, fast wie ein langsam wachsendes Krebsgeschwür. Während Muhammad Ali in seiner Karriere mit jedem Kampf größer wurde, wurde Tyson mit jedem kleiner, ein wenig erratischer und unberechenbarer. Ali stand für den amerikanischen Traum und Aufstieg, Tyson für dessen Verlogenheit und den tiefen Abgrund. Ali stand für Ideale und Werte, Tyson stand für Nutten und Koks.

Und dennoch blieb ich in seiner Ringecke. Meine Faszination für Tyson hielt an, und ebenso die Hoffnung, dass Iron Mike auch in Bedrängnis wieder diesen einen genialen Schlag auspacken würde, um seinen Gegner am Ende doch noch k. o. zu schlagen. Auch wenn seine Kämpfe immer länger wurden, seine körperliche Fitness nachließ, seine Deckung nicht mehr so geschlossen war, ich wollte nicht glauben, dass »mein« Mike Tyson plötzlich nicht mehr »Iron« war. Kämpfe endeten unentschieden, dann gab es sogar Niederlagen. Kämpfe waren nicht mehr nach zwei oder drei Runden vorbei, sondern auch Mike musste über die volle Distanz von 12 bis 15 qualvollen Runden gehen. Was für eine Tortur, was für ein Verfall, was für ein Verlust, plötzlich zu spüren und zu sehen, dass jemand irgendwann fallen und nicht mehr aufstehen würde. Allen Zuschauern war klar: Sobald Tyson einmal fällt, wird er nie wieder als der aufstehen, der er vorher war. Mike hatte weder das Fallen noch das Aufstehen jemals gelernt – und erst recht nicht um Hilfe zu fragen.

ICH WIEDERHOLE MICH: Ja, klassische Helden schauen sicherlich anders aus. Mike war immer öfter in Handschellen als in Boxhandschuhen zu sehen. Die bizarren Ereignisse überschlugen sich, und alleine der Umstand, dass Mike Tyson mehrere Bengalische Tiger als Haustiere zu sich aufnahm, zeigt, wie schnell man nicht nur niedergeschlagen werden, sondern ganz und gar den Boden unter den Füßen verlieren kann. Selbst zu viel war nicht mehr genug. Ich weiß gar nicht mehr, wer Mike Tyson als Boxer zum ersten Mal niederstreckte, doch das war eigentlich auch schon unwesentlich, denn seine Sucht nach Allem und Nichts machte ihn für die Weltöffentlichkeit der frühen 1990er Jahre zum tragischen Helden – inner- und außerhalb des Boxrings.

War das alles eine Überraschung? Nein. Mike Tyson wurde in seiner Jugend von einem der weltweit wichtigsten Boxtrainer, Cus D'Amato, für seine Profikarriere »ausgerichtet«, ja fast wie ein Kampfhund »abgerichtet«. D'Amato war ein Meister der Ringtechnik und vor allem der gezielten Taktik. Er förderte Karrieren wie die von Floyd Patterson und Muhammad Ali. Er war für Mike Tyson nicht nur sein Trainer, er war für ihn auch der Vater, den er nie hatte. Er hatte Tyson auch tatsächlich adoptiert, aber nicht den Menschen, sondern nur den Boxer erzogen. Tyson hat in seinem Training nur gelernt, wie er zuschlagen kann, um schnell zu gewinnen. Es ging allein um den schnellen K.-o.-Sieg, nicht um gewiefte Taktik, Eleganz in der Bewegung, Durchhaltevermögen oder Verteidigung – und dann starb D'Amato, leider viel zu früh, um seinen Schützling nachhaltig weiter zu begleiten, das Repertoire von Iron Mike auszubauen und zu verbreitern. Was blieb, war ein ungeschliffener Rohdiamant, ein bissiger Hund, den niemand mehr abrichten konnte.

Dann drängte sich der berüchtigte Boxpromoter und Geschäftemacher Don King in Tysons Leben. Der falsche Berater konnte den eingeschlagenen Weg nicht korrigieren, im Gegenteil, das wollte er auch nicht. Ihm ging es nicht ums Wiederaufstehen und Besserwerden, es ging plötzlich nur noch ums Abkassieren. Der Rest ist Geschichte.

Mike Tyson ist heute ein 55-jähriger, kranker Mann. Ein trockener Alkoholiker, der zu Rückfällen neigt, ein Ex-Kokain-Junkie, ein mehrfacher Ex-Häftling und, als wäre das alles nicht genug, auch noch manisch-depressiv. Er ist der »Ohr-Beißer«, dessen Karriere sich von diesem finalen Skandal nicht mehr erholen sollte. Aber es gibt heute auch wieder sehr viele schöne Momente in seinem Leben. Seine Ehefrau hat ihn gerettet und Auftritte in Kinofilmen wie »Hangover« machen Tyson plötzlich sogar angreifbar und sympathisch. Schön zu sehen, dass er scheinbar ein wenig Halt gefunden hat.

MIKE TYSON ZEIGT UNS das Muster einer Spirale nach unten. Will man diesem Weg nicht folgen, muss man nach einem K. o. wieder aufstehen, zumindest muss man es probieren. Man muss das Aufstehen und das Annehmen von Hilfe genauso trainieren wie das Zuschlagen.

Im Leben von wahren Helden darf es Angst, Zögerlichkeit und Unsicherheit geben – für den Trainingsplan eines Schwergewichtsboxers wären sie höchstwahrscheinlich wie Gift gewesen. Es ist gut, Angst zu haben, denn sie lehrt uns die Demut, und dass nicht immer alles nach Plan laufen muss, und man dennoch weiterleben kann, soll und muss. Tyson hat Angst anders eingeschätzt und kennengelernt, wie man aus folgendem Satz erkennt: »Fear ist just like fire. It can be helpful if you know how to use it. If not, you will get burned.«

Alle Helden müssen fallen, denn erst das Aufstehen macht sie wirklich zu Helden. Wahre Helden wissen aber vor allem, dass ein Kampf erst vorbei ist, wenn der Ringrichter bis zehn gezählt hat. Davor gibt es immer noch eine Chance, und wir lieben im Film und auch im Leben ja nichts mehr als den »Comeback Hero«, wie ihn uns Sylvester Stallone in »Rocky I–V« gezeigt hat. Unser Leben ist zwar keine Hollywoodsoap, aber selbst wenn man sich manchmal fühlt, als wäre man schon bis acht angezählt, heißt das noch nicht, dass der Kampf vorbei ist oder dass man aufgeben darf oder soll. Im Gegenteil: Leben heißt, sich immer weiter zu bemühen, solange man nicht ausgezählt ist.

Daraus ziehe ich meine Faszination für Mike Tyson. Er hätte nur noch ganz wenig zusätzlich lernen müssen, um unbesiegbar zu werden, selbst wenn er das eine oder andere mal k. o. gegangen wäre. Niemand hat jemals mit härterer Disziplin trainiert und seinen Körper zu einer brutaleren Angriffskampfmaschine gemacht. Doch nur die Attacke nach vorne alleine macht keine Sieger und Helden. Aufstehen und lernen, wegen des gleichen Schlags nicht wieder k. o. zu gehen, macht wahre Helden. Die Muster seiner eigenen Schwächen zu erkennen und sie zumindest nicht als tödliche offene Flanken zu präsentieren, das können wir von Mike Tyson lernen.

»Unser größter Ruhm ist nicht, niemals zu fallen, sondern jedes Mal wieder aufzustehen«, hat Nelson Mandela gesagt. Oder Winston Churchill, sehr ähnlich: »Die Kunst ist, einmal mehr aufzustehen, als man umgeworfen wird.« Ich zähle die Rückschläge in meinem Leben schon lange nicht mehr, aber eines weiß ich bestimmt: Solange ich zumindest versuche, einmal öfter aufzustehen, als ich niedergeschlagen werde, lebe ich. Danke, Mike!

Michael Lehofer
Meine Freunde sind meine Helden
Am Beispiel des Malers Knud Andersen

KNUD IST 1984 GESTORBEN. Er war einer von vielen, die mir gezeigt haben, was Freundschaft ist. Freundschaften sind Liebesbeziehungen. Die Liebe ist dem Wesen nach kein Gefühl, sie ist die Empfindung von Verbundenheit. Freundschaften findet man. Sie beginnen nicht zu dem Zeitpunkt, an dem man sie schließt. Freundschaften eröffnen sich vielmehr. Es ist von Anfang an alles da. Ich vergleiche Freundschaften mit einem unterirdischen Fluss, der irgendwann an das Tageslicht tritt, nicht als Bächlein, sondern als großer, quasi »ausgewachsener« Wasserlauf, der schon alles hat, was ein großer Fluss hat. Freilich, er kann noch wachsen, aber irgendwie wird er dadurch nicht mehr. Denn Liebe kann nie mehr werden, auch nicht weniger. Ja, man kann die Liebe aus der eigenen Wahrnehmung verlieren. Aber sie ist ein ewiges Phänomen in einer Welt, in der alles außer Angelegenheiten der Liebe einen Anfang und ein Ende hat.

Jeder kann das in seinem eigenen Leben nachvollziehen. Wie war das, als ich einen Freund kennengelernt habe? In der Bibel gibt es eine wunderschöne Episode, die Freundschaft beschreibt. Es ist die Geschichte, als Jesus nach seinem Tod als Auferstandener zwei Jünger auf dem Weg nach Emmaus begleitet. Ihre Wahrnehmung ist von Trauer um ihn umschattet. Daher können sie ihn nicht erkennen. Erst, als er sie ihrer Einladung folgend in ihr Heim begleitet und mit ihnen zu Abend isst, erkennen sie: Dieser Mann ist unser Freund, den wir an den Tod verloren wähnten! Sie sagen sich: Brannte nicht unser Herz, da er auf dem Weg mit uns redete? Es ist genau das, was wir angesichts von Liebesbeziehungen erkennen können: Der Freund bildet sich quasi als Sehnsucht schon vorher im Leben ab, quasi eine erwartete Überraschung. Sehnsucht ist das Symbol der Verbundenheit im Leben, nicht so sehr deren Mangel. Wenn ein Freund ins Leben tritt, entsteht Ordnung, eine Ordnung der Liebe.

Wir alle können bei näherer Betrachtung nachvollziehen, dass man entgegen der landläufigen Meinung eine Freundschaft nicht pflegen muss. Eine Freundschaft kann dem Wesen nach nicht brechen. Ich habe einen absolut gültigen Test, der mir vermittelt, ob eine Beziehung eine Freundschaft ist oder ob sie eher eine freundschaftliche Bekanntschaft ist. Wenn ich einen Freund wieder treffe, und es sind vielleicht Jahre vergangen, dann ist es so, als ob wir uns gerade vor einer Minute gesehen hätten. Bekanntschaften muss man pflegen, Freundschaften nicht. Unlängst konnte ich das neuerlich mit Staunen erleben. Ich traf einen

Freund wieder, den ich sage und schreibe 40 Jahre lang weder gesehen noch gehört hatte. Die Vertrautheit war völlig unversehrt. Das passiert einem nur mit einem Freund.

Freundschaften sind in gewisser Weise heilige Beziehungen, die eine Verbundenheit jenseits des eigenen Egoismus erfahrbar machen. Das Ego wird durch Gefühle vermittelt, während Freundschaft – wie gesagt – ein Liebesphänomen ist. Daher kann man sich über einen Freund ärgern oder andere negative Emotionen fühlen; das tut der Freundschaft keinen Abbruch, wenn es wirklich eine ist. Es ist auch egal, wie oft man einen Freund auf der Welt trifft: Einmal genügt, schön, wenn es mehr ist. Ich habe Knud Andersen vielleicht fünf Jahre gekannt, bevor er gestorben ist. Für mich lebt er seither unvermindert weiter.

KNUD WAR 35 JAHRE ÄLTER ALS ICH. Er berührte mein Herz vom ersten Moment der Begegnung an. Ich bin sicher, dass das umgekehrt auch so war. Innigkeit ist immer ein bilaterales Phänomen. Er war weise, feinfühlig und – so würde man das heute ausdrücken – echt cool. Ich lernte ihn im Zug kennen. Es war auf einer meiner Griechenlandreisen. Ich war oft in Griechenland, zumal mein Vater, der damals noch lebte, ein Grieche war. Ich benützte vornehmlich die Eisenbahn. Die geplante Reisezeit zwischen Graz, meinem Heimatort, und Athen betrug 36 Stunden. Nis, Belgrad, Skopje, Thessaloniki. In der Tat brauchte der Zug aber gewöhnlich mindestens 44, nicht selten 48 Stunden. Die Verspätung war stets enorm.

Man schlug sich die Zeit mit Lesen, Dösen und indem man mit jemandem ins Gespräch kam um die Ohren. Irgendwie war die Reisezeit eine wertvolle Zeit, obwohl es nichts anderes als ein Warten war, ein Warten, bis man von A nach B gekommen war. Aber die Tatsache, dass es nichts zu tun gab, gar nichts, das hatte etwas Wertvolles. Es gab auch keine Handys, was natürlich förderte, dass man sich selbst und andere in Ruhe ließ, ja, lassen musste. Das selbstgewählte Urteil des Nichtstuns wurde in Thessaloniki etwas gemildert. Dort wurde nämlich jeweils ein uralter Speisewagen angehängt. Er wurde angekoppelt, egal zu welcher Uhrzeit der Zug angekommen war.

An jenem Tag hatte der Zug bereits zehn Stunden Verspätung. Es war zwei Uhr in der Früh, als es so weit war. Der Wagen wurde von den Wartenden (ich war dabei) gestürmt. Er ruckelte atemberaubend. Man saß in Lederfauteuils, die durch Blei in den Stuhlbeinen verstärkt waren, damit sie sich nicht verrückten. Mir quer gegenüber saß Knud. Er lächelte, die Atmosphäre war heiter. Der Kellner war viel zu dick für einen Speisewagen, er war mit einer schmutzigen braunen Schürze bekleidet. Seine Frau werkte in der Küche, in die man hineinsehen konnte, bemüht, die Souvlakia knusprig hinzukriegen. Retsina, griechischer Salat, Kaffee metrio, mit einem halben Kaffeelöffel Zucker gesüßt. Alles sehr fein. Dieses Paradies auf Erden war auch das Resultat der stundenlangen Fadesse vorher, die uns den Wahrnehmungsraum für das Besondere im Jetzt geöffnet hatte.

Ich beobachtete Knud, er rauchte. Er rauchte Gauloises mit Filter, und zückte bei jeder Zigarette ein

Taschenmesser, entfaltete es und säbelte feinsäuberlich den Filter ab, bevor er die Zigarette mit einem Streichholz entzündete.

Wir lernten uns also in einem Paradies kennen, einem Paradies, wie man es sich so nicht vorstellen würde. Wahrscheinlich ist jedes echte Paradies eines jenseits der Vorstellungen. Die Paradiese der Vorstellungen rühren nicht an.

Wir kamen ins Gespräch. Es war nicht so, dass er besonders viel sprach. Jedoch hatte jedes Wort Bedeutung, ohne schwerfällig zu wirken. Ich erfuhr, dass er Däne war, der nun in Schweden lebte. Dass er sich durch sein Kunstschaffen ernährte, ein Maler war. Er erzählte mir, dass er eine aufgelassene Bahnstation gekauft hatte, Rosenfors, irgendwo in Südschweden, und der Wartesaal nun sein Atelier sei.

Er war mit einer doch deutlich jüngeren Frau unterwegs. Dies sei seine Lebensgefährtin. Ich habe ihren Namen mittlerweile vergessen. Im Laufes des Gesprächs fragte ich ihn, ob er denn Kinder hätte. Er bejahte es. Ich fragte nach, wie viele es seien. Elf, sagte er. Ich war verblüfft. Mit wie vielen Frauen? Mit sieben. Mit einer anderen vier, mit einer zwei, die übrigen mit je einer Frau. Vier davon hätte er mehr oder minder alleine versorgt. Denn die Mutter der Kinder sei bald psychotisch geworden und hätte sich in Amerika einer Sekte angeschlossen. Es sei nicht leicht gewesen. Von der Kunst, lieber Michael, konnte ich vier Kinder nicht ernähren. Heute, so sagte er, wäre es mir möglich, damals nicht. Er habe sich geholfen, indem er sich neben seiner Kunst mit der Putenzucht beschäftigt habe. Er senkte die

Stimme, als er mir sagte, dass seine Lebensgefährtin unbedingt ein Kind mit ihm haben wollte, er jedoch schon so viele hätte, dass er bei dem Gedanken zögern würde.

Er war ein erstaunlich kreativer Mensch. Nicht nur das Rauchen war bei ihm eine heilige Messe, in allem, was er tat, hatte man das Gefühl, dass er mit allen Sinnen dabei war, jeden Bissen, den er nahm, genoss er voll und ganz. Jetzt im Nachhinein denke ich, er hat sein Leben wirklich ausgekostet. Auch wenn er nur 63 Jahre alt geworden ist, hat er doch viel, wenn nicht gar alles gelebt.

ES IST NUN FAST VIERZIG JAHRE HER seit der Zeit, in der wir gemeinsam auf dieser Erde waren. Vieles ist verblasst, doch einiges weiß ich noch wie heute. Obwohl er in Schweden lebte und ich in Österreich, sahen wir uns nicht so selten. Er war viel unterwegs, und ich auch. So gab es immer wieder Möglichkeiten, einander zu treffen. Einmal fragte ich ihn: Knud, was ist dir wirklich wichtig im Leben? Ich erwartete eine Antwort wie: Freunde, Liebespartner, Familie oder die Kunst, nicht zu vergessen. Er aber sagte: Gut essen, gut schlafen und manchmal guten Sex. Erstaunlich einfach, vielleicht zu simpel? Und doch ist es ein Konzept der Selbstvergessenheit, und diese ist wiederum der goldene und vermutlich einzige Weg zum Glück. Knud führte ein weitgehend bedingungsloses Leben, schon insofern ist er für mich ein Held. Man braucht ungeheuren Mut dazu. Denn man muss das Leben neben allen Möglichkeiten, es in seinem Sinne zu beeinflussen, geschehen lassen. Knud war nicht religiös im engeren Sinne. Aber er war spirituell. Spiritualität ist die Anerkennung des Zauberhaften im Leben. Ich vermute, er zog seine unbändige und gleichzeitig feine Lebensenergie aus der Verbundenheit mit der numinosen Sphäre, jenem weiten Land, das sich unserer unmittelbaren Wahrnehmung entzieht.

Eines Tages sprachen wir über Verbindungen von Menschen miteinander und über dies hinaus. Er erzählte mir über seine Eigenschaft der Intuition, zum Beispiel über ihm nahestehende Menschen Bescheid zu wissen, auch wenn sie nicht in seiner Nähe waren. Er habe sich einmal den Spaß gemacht und seine damalige Partnerin, die Hunderte Kilometer entfernt von ihm gelebt hatte, immer wieder angerufen und ihr gesagt, was sie gerade tue, bügeln etwa, und es habe immer gestimmt. Aber er nahm diese besondere Begabung für sich nicht wichtig. Zweimal hätte sie ihm jedoch das Leben gerettet. Er sei in Berlin an der Kunstakademie gewesen, mitten im Weltkrieg. In einem und später dann auch in einem anderen Bombenalarm hätte eine innere Stimme zu ihm gesagt: Gehe aus dem Bunker fort. Die anderen Menschen hätten ihn fast mit Gewalt nicht gehen lassen in dieser bedrohlichen Situation. Er aber folgte der Stimme seines Herzens gegen jede Evidenz. Beide Male wurde der Bunker wenige Minuten später von einer Bombe voll getroffen, und niemand überlebte.

Eines Tages war er bei uns in der Wohnung zu Besuch. Er wollte in zwei Tagen wiederkommen, daher verabschiedeten wir uns nur flüchtig. Ich kann mich noch daran erinnern, als ob es heute wäre. Plötzlich schoss es mir ein, dass ich ihn nie mehr wiedersehen würde. Ich erzählte meiner damaligen Lebensgefährtin von dieser Erfahrung, und wischte sie dann aus meinem Leben weg. Kurz, er kam nicht wieder. Er rief an, er fühlte sich nicht gut und wollte gleich nach Schweden zurückkehren. Weitere Treffen, die wir für das nächste halbe Jahr geplant hätten, fielen überzufällig häufig ins Wasser. Ich dachte mir nichts dabei, zumal er wieder gesund war und viele Pläne wälzte. Schließlich plante ich einen Besuch in Öland in Schweden, wo ich ihn treffen sollte. Ein halbes Jahr war vergangen, ich hatte meine Eingebung verdrängt. Ich freute mich auf ein Wiedersehen. Zwei Tage vor meiner Abreise läutete das Telefon. Eine weibliche Stimme mit schwedischem Akzent war am Apparat. Eine Tochter von Knud, die ich nicht kannte, berichtete mir, dass ihr Vater völlig unvorhersehbar an einer Embolie während einer Muttermaloperation verstorben sei.

In mir entstand ein eigenartiges, fast befremdendes Gefühl, dass das nichts ändern würde. Er war und ist bei mir. So ist das mit Freundschaften.

Markus Mair
Wann ist ein Held ein Held?
Der relativierte Superlativ

BENEIDENSWERT, WER SIE FÜR SICH auserkoren hat: die Held*innen, die dem Leben und dem eigenen Sein Orientierung geben. Die unser irdisches Wirken durch ihr Vorbild bereichern, die die eigene Entwicklung positiv beeinflussen. Nur: Bei mir selbst hat das nicht funktioniert. Ich habe keine Held*innen.

Kein Zweifel: Es gibt sie. Bei einem Blick in die Vergangenheit und die Geschichtsbücher türmen sich Legenden, Erzählungen, Belege von großen Persönlichkeiten, Künstlern, Politikern, Philosophen und Wissenschaftern jeden Geschlechts. Die Wegbereiter*innen für positive Entwicklungen der Gesellschaft und unserer Welt.

Warum also finde ich partout keine Held*innen für mich selbst? Immerhin trägt es in meinem ganz persönlichen Umfeld immer wieder zur Belustigung bei, wenn ich behaupte, alles quasi alleine gemacht zu haben in meinem bisherigen Leben. Ich frage mich aber immer noch: Wer, bitte, sind sie, die Held*innen unserer Zeit? Wann ist ein Held ein Held? Geschichten über Held*innen sind ja oft von gestern. So manches verklärt sich durch wiederholtes Nacherzählen. Schnell findet sich auch bei Heldinnen und Helden ein dunkler Fleck in der Lebensgeschichte, der den Superlativ relativiert.

Ein Beispiel: Eine Beinahe-Heldin ist für mich Nina Simone (1933–2003). Die Jazz- und Blues-Ikone, die mich mit ihrer Musik und ihren Interpretationen schon in jungen Jahren faszinierte. Getragen, jazzig, mit ihrem unvergleichlichen Timbre und unheimlich starker Energie. Energie aus einer unnachahmlichen Ruhe heraus. Gleichzeitig – und das machte und macht Nina Simone für mich zur potenziellen Heldin – ihr massives Engagement für Gerechtigkeit, ihre klaren Botschaften in der Bürgerrechtsbewegung. Eine Musikerin, für die nicht (nur) der kommerzielle Ansporn im Vordergrund stand, sondern vor allem ihre Werthaltung und das Miteinander über vermeintliche Grenzen hinweg. Das kommt einer Heldin, so wie ich sie verstehe, schon relativ nahe.

Aber: »Die einzig wirklichen Menschen sind die, die es nie gegeben hat.« – Oscar Wilde hat schon recht. Es gibt keine Vollkommenheit, auch keinen vollkommenen Menschen. Somit scheitert die Suche nach Held*innen der Zeit sehr schnell. Es ist verdammt schwer, ein Held zu sein. Denn Held*innen bzw. die Bilder, die man sich von ihnen macht, haben etwas Übermenschliches, beinahe Göttliches an sich. Schließen Held und Mensch einander so gesehen nicht aus?

Held*innen sind ja auch nicht einfach da – sie werden gemacht. Held*innen brauchen als solche ein Publikum, ein Gegenüber. Ihre Existenz setzt Anerkennung von außen, durch andere, voraus, Sichtbarkeit, eine Bühne, wenn auch nicht zwingend. Heldentum braucht Aufmerksamkeit. Ist es also mit dem Heldentum so ähnlich wie mit der Schönheit, die sprichwörtlich im Auge des Betrachters liegt? Was ist eine Heldin, was ist ein Held, ohne jene, die sie oder ihn zu solchen machen? Heldentum braucht einen Spiegel, eine Spiegelung in der Umgebung – ob dies die Gesellschaft oder eine geschichtliche Einordnung oder was auch immer darstellt. Kein Held ohne jene, die ihn dazu befördern. Kommt also das Bild einer Heldin oder eines Helden nicht zwingend auf den Blick der anderen an, auf Ausgangslage, Perspektive und Moment? Ist Heldentum überhaupt etwas Menschenmögliches, ist es lebbar, permanent und überall, mit jeder Faser und in jedem Augenblick? Im Umkehrschluss daraus: Hat nicht jeder Mensch auch grundsätzlich das Zeug dazu, für irgendjemanden zu irgendeinem Zeitpunkt eine Heldin oder ein Held zu sein?

Vielleicht müssen wir alle nur einmal genauer hinschauen, hinhören und hinfühlen, unsere Sinne schärfen für die modernen Held*innen neben uns. Um uns bewusst zu werden, was so viele im Verborgenen leisten, sehr oft unterhalb der öffentlichen Wahrnehmungsgrenze, fernab der so vertrauten Oberflächlichkeiten, hinter den Kulissen, abseits der Bühne der lauten Kommunikatoren, der modernen Clowns auf Social Media, der polternden Rebellen. Denn Stars – erst recht nicht jene, die um jeden Preis einer sein wollen – sind noch lange keine Held*innen. Da gibt es so viele, die nie laut-

stark in Erscheinung treten, sondern rücksichtsvoll, aufmerksam, konstruktiv und lebensbejahend um uns sind.
Die nicht semi-politisch auf allen möglichen Kanälen in
Erscheinung treten und ihre Meinung oder das, was sie
dafür halten, ungefragt und überall kundtun. Sondern
die mit positiver Geisteshaltung und echtem Engagement einen hohen Beitrag zur psychischen Gesundheit
unserer Gesellschaft leisten. Die wirklich großen Persönlichkeiten. Das sind auch die unzähligen Ehrenamtlichen, die sich unermüdlich für das Gelingen unseres
Zusammenlebens stark machen und immer wieder neu
motivieren. Sich selbst und andere. Die, die das Funk-
tionieren einer Gemeinschaft nicht als etwas Selbstver-
ständliches ansehen, sondern die Initiative ergreifen,
wenn es darauf ankommt, und damit ihre individuellen
Gestaltungsmöglichkeiten ausschöpfen. Das gilt auch für
die Kunst: Künstler – seien es Musiker, Persönlichkeiten
aus der darstellenden Kunst oder aus welchem Bereich
auch immer – bleiben mit ihrem Schaffen oft einem
kleinen Kreis vorbehalten. Ja, es braucht die ganz
Großen. Aber es braucht auch jene Kunst, die einen
leistbaren Kulturbeitrag für all jene in unserer Gesellschaft bietet, denen der Zugang zur Hochkultur sehr oft
verwehrt bleibt. Die wahren Held*innen unserer Zeit
sind eher jene, die wir, deren Augen auf das Schillernde
konditioniert sind, im Alltag übersehen. Und selbst
das ist menschlich, aber eben leider so gar nicht heldenhaft.

Held*innen erkennt man sehr oft erst mit Abstand, in
der Retrospektive (mit der Gefahr der Verklärung und
der Chance emotionaler und rationaler Klarheit). Von

Held*innen erwarten wir uns doch auch viel: Sie sollen Vorbilder sein, in Tugenden und mit moralischer Integrität glänzen, uns inspirieren und zeigen, wie man es schafft. Es sind ja auch Erwartungen, und da keine kleinen, mit denen wir das klassische wie das moderne Heldentum verknüpfen.

Nicht zuletzt deshalb brauchen wir sie. Vielleicht nicht unbedingt jede und jeder Einzelne von uns. Aber als Kollektiv. Wir brauchen Held*innen. Weil sie uns Mut und Kraft geben, weil sie uns Vorbilder sind und unsere Entwicklung als Gesellschaft positiv beeinflussen – vorausgesetzt, wir hören auf sie. Und gerade, wenn das Heldenbild bei genauerem Hinsehen bröckelt, entdecken wir dahinter doch den Menschen, das Menschliche, die Schwächen, die uns allen bestens vertraut sind und uns den Held*innen näherbringen. Gerade das macht uns am meisten Mut. Vielleicht immer öfter und immer wieder einmal die Heldin oder den Helden in uns selbst zu wecken, etwas beizutragen, etwas zum Guten zu wenden und für andere da zu sein.

Man stelle sich vor, man sei so ein Held. Kein einfaches Los. Gehen wir behutsam mit unseren Held*innen um. Wir werden sie noch lange brauchen.

Arnold Mettnitzer

Erwin Ringel – ein Ereignis

Zum 100. Geburtstag meines Lehrers, der in Temešvar geboren und in der Stadt Sigmund Freuds zum »Beichtvater Österreichs« wurde.

BIS ZUR MITTE DER 1990ER JAHRE gilt Erwin Ringel in Österreich als »Psychiater der Nation«. Der leidenschaftliche Arzt und engagierte Psychotherapeut ist ein gebildeter Humanist, ein blendender Redner, ein durch und durch politischer Mensch. Ob im Rundfunk oder im Fernsehen, in der Wiener Staatsoper, im Brucknerhaus in Linz, im Bayerischen Hof in München oder vor Auslandsösterreichern in Rom: Ringels Auftritte sind ein Ereignis! Unerschrocken spricht er aus, was aus seiner Sicht ausgesprochen werden muss. Einen Hinweis darauf gibt allein schon der Titel eines seiner Bücher: »Ich bitt' Euch höflich, seid's keine Trottel!«

Menschen stürmen in seine Vorträge, andere lehnen sie vehement ab. Ringel lässt kaum einen Menschen kalt. Er ermahnt, reklamiert, provoziert, redet den Menschen ins Gewissen; dabei versteht er es, komplizierte seelische Vorgänge in anschaulichen Bildern darzustellen; zum Beispiel mit seiner bildhaften Beschreibung des »Nicht-wahrhaben-Wollens-dessen-was-ist«, in der Psychologie »gerichtetes Vergessen« oder auch »Verdrängung« genannt: »Wer glaubt, eine Kobra dadurch aus seinem Wohnzimmer zu entfernen, indem er sie unter den Teppich kehrt, wird feststellen müssen, dass sie dort Eier legt und zur Unzeit als siebenköpfige Hydra wieder unter dem Teppich hervorkommt.« Auch der folgende Satz lässt etwas von der durchaus unterhaltsamen Sprachkreativität des Erwin Ringel erahnen: »Meine Damen und Herren! Springen Sie, sooft Sie können, über Ihren Schatten!«

Am 10. Juni 1991 begegne ich Erwin Ringel zum ersten Mal. Am Institut für medizinische Psychologie in der Severingasse 9 am Wiener Alsergrund beginne ich bei ihm meine Lehranalyse und damit die Ausbildung zum individualpsychologischen Psychotherapeuten. »Setzen Sie sich«, begrüßt er mich, »und fangen Sie an zu erzählen!« Und wie nie zuvor in meinem Leben beginne ich zu erzählen. Erst Monate später wird mir die ganze Tragweite dieser Begegnung bewusst: Eine Sternstunde und ein Wendepunkt, die entscheidende Wegkreuzung zur Mitte meines Lebens. Um das Glücksgefühl darüber länger auskosten zu können, fahre ich nicht über die Südautobahn zurück nach Klagenfurt, sondern genieße die um 200 Kilometer längere »Fahrt ins Freie« über Linz, Salzburg und Spittal an der Drau. Viele gratulieren mir damals dazu, »Ringels letzter Schüler« zu sein, andere fragen mich, warum ich mich »ausgerechnet auf diesen verrückten Menschen« einlasse.

Im Jahr 1953, im Alter von 32 Jahren, beschreibt Erwin Ringel in seiner ersten wissenschaftlichen Meisterleistung das »präsuizidale Syndrom«, überzeugt davon, dass »niemand stirbt, weil er nicht mehr leben will, sondern weil er unter den Umständen, in die er geraten ist, nicht mehr leben kann!« Überall dort, wo ein Mensch aufhört, Zweck an sich zu sein und als Mittel zum Zweck anderer missbraucht wird, werden Selbstwert, inneres Feuer und Weltgestaltungslust zerstört.

> **»Überall dort, wo ein Mensch aufhört, Zweck an sich zu sein und als Mittel zum Zweck anderer missbraucht wird, werden Selbstwert, inneres Feuer und Weltgestaltungslust zerstört. «**

Davon Betroffene jeden Alters unterzieht Ringel als begnadeter Diagnostiker mit scharfem Blick einer gründlichen Analyse; nicht selten erweist er sich dabei auch als »Meister der paradoxen Intervention«, jener Kunst, seinen Patienten in Momenten, in denen sie nichts zu lachen haben, zumindest ein Lächeln abzuringen. In diesem Zusammenhang erzählt mir Peter Turrini viel später, rund um den 100. Geburtstag seines Arztes und meines Lehrers, wie sich der Herr Professor im Rollstuhl mit Smoking und mit weißem Schal von seiner Frau Angela zur Silvester-Mitternacht 1974 in das Stationszimmer schieben lässt und dabei die Arie des Grafen Danilo aus der Lustigen Witwe singt: »Heut' geh ich ins Maxim, dort ist es sehr intim! Ich duze alle Damen, nenn' sie mit Kosenamen ...«

Ringel weiß, dass Humor oft besser heilt als alle Rezepte; er weiß aber auch darum, dass alles Fröhliche einen wehmütigen Hintergrund hat und alle Wehmut eine heitere Vorderseite. »Wehmut«, zitiert er Torberg, »kann immer auch ein bisschen lächeln.«

Zur Mitte der 1980er Jahre unterzieht Ringel »aus Liebe zu den Menschen« in diesem Land »die österreichische Seele« einer gründlichen Diagnose und löst damit auf dem Gebiet der Politik, der Medizin, der Kunst und der Religion zum Teil heftige Kontroversen aus. Dabei skizziert er eine »in Österreich ebenso wie in anderen Ländern« vielfach schreckliche Welt, die Feindschaft leidenschaftlicher pflegt als Solidarität, Materielles an die Stelle von Gefühl und Seelischem setzt, Erfolg und Technik vergötzt, den Verwaltungsgeist als reine Versachlichung höher schätzt als kreative Ideen und den Menschen dabei unter die Räder kommen lässt.

Neben der Suizidprävention und der Analyse der österreichischen Seele liegt Erwin Ringel ganz besonders der junge Mensch am Herzen. Im Sommer 1994, ein paar Wochen vor seinem Tod, überreicht er mir einen Text, den ihm ein Student nach einem Vortrag in Deutschland in die Hand gedrückt hat! Ich würde ja jetzt, meint er dabei, öfter vor Menschen Vorträge halten als er und es wäre sein Wunsch, dabei auf das hochaktuelle Anliegen dieses jungen Menschen nicht zu vergessen:

»Wir erschrecken vor dieser Freiheit, die ihr uns plötzlich gebt, mit der ihr uns alleinlasst in der leeren Wohnung, während ihr selbst die Flucht ergreift in panischer Angst, in immer schnelleren Autos. Unsere Frage nach Gott speist ihr mit einem Esslöffel Sahne ab; eure Schwarzwälder Torten stinken. Wundert euch nicht, wenn wir euren Händen entgleiten, davonbrausen auf unseren heulenden Maschinen, weil wir daheim nicht heulen dürfen in der hellhörigen Wohnung. Wundert euch nicht, wenn wir uns ekeln vor eurem Gesicht, aber den Augen der Gurus blind vertrauen. Wir wissen es ja: So oder so, in eurer Mitte gehen wir drauf, fallen wir um eines Tages, vor euren Augen sterben wir an der Sinnlosigkeit eures Lebens.«

JEDE ART VON FASCHISMUS UND DIKTATUR, die unter dem Deckmantel der Demokratie Menschen unterdrückt und missbraucht, ist Ringel zuwider; ebenso ein Arzt, der bloß nach Krankheiten sucht und dem Befund eines Menschen mehr Aufmerksamkeit schenkt als seinem Befinden; in diesem Zusammenhang habe ich bei Vorträgen öfter den Satz gehört: »Meine Damen und Herren! Wenn Sie gesund bleiben wollen, meiden Sie jeden Arzt!« Dass er sich damit nicht nur Freunde macht, ist ihm bewusst. Und weil sich unter seinen Patienten viele Künstler befinden, kursiert in Kollegenkreisen dann auch bald das Bonmot: »Schauspieler halten Ringel für einen hervorragenden Arzt. Ärzte halten Ringel für einen hervorragenden Schauspieler.«

Nicht weniger deutlich rät Ringel der Religion, die Pharisäer und die Schriftgelehrten aus dem Tempel zu vertreiben und wieder zu einem Glauben zu finden, der überzeugend und einladend von der Liebe Gottes zu den Menschen redet. Ich höre noch seine markante Stimme, mit der er in das bis zum letzten Platz gefüllte Brucknerhaus in Linz ruft: »Es gibt kein Verbrechen, das man in 2.000 Jahren den Christen nicht vorwerfen dürfte!« Und in den frenetisch darauffolgenden Applaus hinein ruft Ringel: »Aber, meine Damen und Herren, wir müssen genau sein, differenziert denken und uns fragen: Wo wäre diese Welt, wenn sich in ihr das Christentum nie ereignet hätte!?«

Als Psychosomatiker warnt Ringel leidenschaftlich vor einer Beschäftigung mit dem Körper, die auf die Seele vergisst, und vor einer Beschäftigung mit der Seele, die den Körper nicht miteinbezieht. Beide Einseitigkeiten könnten nur in ein verkümmertes Dasein führen.

ZU KÄRNTEN PFLEGT RINGEL zeitlebens ein besonderes Verhältnis: vielleicht weil seine erste Freundin, wie er mir einmal stolz erzählt, eine Kärntnerin war, auf jeden Fall aber auch, weil er die Kärntner Slowenen liebt und sich in ungezählten Vorträgen leidenschaftlich für ihre Rechte einsetzt; auf die dabei erlebte, zum Teil heftige, Kritik ist er »stolz wie auf einen mir verliehenen Orden«. Ganz sicher aber hat seine Vorliebe für Kärnten auch mit der »unbeschreiblichen Schönheit dieses Landes« zu tun, mit den 1.270 Seen, die Ringel faszinieren. Als ich ihm einmal beinahe zufällig verrate, dass die Kärntner einen kleinen See »Seele« nennen, reibt er sich vor Freude die Hände und meint: »Jetzt wissen Sie, warum meine Frau und ich hier Urlaub machen müssen!«

Ringels Bewunderung für den Reichtum der Kultur in diesem Land am Schnittpunkt von slawischem, romanischem und bajuwarischem Kulturraum führt dazu, dass er sich 1988, vier Jahre nach seinem über hunderttausend Mal verkauften Bestseller »Die österreichische

Seele« in einem eigenen Buch der »Kärntner Seele« widmet; darin stellt Ringel den kulturellen Reichtum des Landes dem Kärnten des Villacher Faschings, des winterlichen Pistentrubels und der sommerlichen Badewannenidylle gegenüber und entwirft so ein faszinierendes Psychogramm der Menschen in Österreichs südlichstem Bundesland; in damals noch kaum von jemandem wahrgenommener Ambivalenz bezeichnet Ringel die Kärntner als »Sizilianer Österreichs« und scheut sich nicht, obwohl im Herzen selbst überzeugter Sozialdemokrat, die damals sozialdemokratisch regierten Kärntner als »Punschkrapferl« zu bezeichnen: »Außen rot, innen braun und ständig unter Alkohol«.

Am 27. Juli 1994 besuche ich Erwin Ringel in Bad Kleinkirchheim; er sitzt auf dem Balkon seines Hotelzimmers in der Abendsonne und summt vor sich hin die Melodie von Franz Schuberts Lied »Im Abendrot«. Wortlos lege ich ihm die Parte meines vor drei Tagen verstorbenen Vaters auf den Tisch; aus Pietätsgründen zögert er, mich zum Abendessen einzuladen, aber ich bleibe gerne und erlebe so mit ihm und seiner Frau einen unvergesslichen Abend, an dem er mir »zur Orientierung im Intrigantenstadl« Geschichten aus dem Wiener AKH erzählt. Am nächsten Morgen ist Erwin Ringel tot – Herzinfarkt!

Vor der Beisetzung am Zentralfriedhof im Ehrengrab der Stadt Wien drückt mir Peter Turrini ein Gedicht in die Hand, mit der Bitte, dieses am offenen Grab vorzutragen. Der Text stammt aus dem Schauspiel »Die Schlacht um Wien«, an dem Turrini gerade arbeitet. Erst Monate später, bei der Uraufführung des Schauspiels am

13. Mai 1995 im Wiener Burgtheater, erschließt sich mir die feine Pointe dieses Textes: Am Beginn des zweiten Aktes kommt die gerade 55 Jahre alt gewordene, lebensmüde Operettensängerin in der Dämmerung des frühen Abends durch den Wald zu einem Teich. Sie ist völlig erschöpft, aufgelöst. Sie lehnt sich an einen Baum, hält den Kassettenrekorder mit beiden Händen fest an ihren Körper und atmet schwer. In die Stille hinein gibt sie Schreie von sich, schrille Schreie, und lauscht. Anstelle einer Antwort hört man das Geräusch eines schnell fahrenden Autos und ein plötzliches Bremsmanöver. Stille. Die Operettensängerin stellt den Kassettenrekorder auf den Waldboden. Sie beginnt, große Steine zu sammeln und diese in ihr Kostüm zu stecken. Sie steckt Steine in die Taschen, in den Ausschnitt des Kostüms, in die Strumpfhose. Sie drückt die PLAY-Taste des Kassettenrekorders, geht mit schleppenden Schritten und erhobenem Kopf in den Waldteich und versucht, sich zu ertränken. Doch es gelingt ihr nicht: Der kleine Waldteich ist einfach nicht tief genug. Aus dem Kassettenrekorder ertönt das Lied der Operettensängerin. Am offenen Grab von Erwin Ringel wird es, lange vor seiner ersten Aufführung im Theater, zum letzten Gruß des Dichters an den Pionier der Suizidverhütung:

Wenn ihr hört mein schweres Atmen,
mich so weiß da liegen seht,
hat der Tod mein altes Leben
schon verweht.

Wenn ihr ruft, ich soll doch bleiben,
schmerzerfüllt sei euer Herz,

ach, ich tanz mit wilden Sprüngen
himmelwärts.

Wenn ihr seht die Augen brechen,
sehe ich ein neues Licht,
meine Totenmaske
ist ein strahlendes Gesicht.
Wenn ihr klagt, ich sei verschieden,
atemlos und hin,
freu ich mich auf Kerzenmeere,
meinen flammenden Beginn.

Nichts wird euch an mich erinnern,
dort im Grabe liegt der Schein,
und ich werd für alle Zeiten
ein Ereignis sein.

Peter Turrini, Die Schlacht um Wien. Schauspiel in drei Akten,
Luchterhand Literaturverlag, München 1995, Seite 45-46
Herzlichen Dank dem Autor für die freundliche Abdruckgenehmigung.

HELDINNEN UND HELDEN

Monika Niedermayr
Die Liebe in die Zukunft tragen

DER UNANGEFOCHTENE HELD meiner Volksschulzeit hieß Odysseus. Nichts und niemand konnte ihm das Wasser reichen! Nächtelang las ich heimlich unter der Bettdecke, um seinen Heldentaten und denen seiner Gefährten zu folgen. Vor Aufregung konnte ich kaum einschlafen. Viel später eröffnete mir mein Vater, dass er regelmäßig die Batterien meiner Taschenlampe gewechselt hatte, weil ihm meine Begeisterung gefiel. Ich lebte, litt und fieberte mich durch die Belagerung von Troja und die folgenden 20 Jahre des Herumirrens, in denen Odysseus sein Nachhausekommen nach Ithaka nicht immer mit der größten Zielstrebigkeit betrieb. Die amourösen Abenteuer meines Helden irritierten mich ein bisschen, sie entsprachen nicht gänzlich meinen Moralvorstellungen, aber in meiner Kinderwelt waren »heldenhaftlistenreich« und »moralisch lupenrein« nicht kompatibel. Ein »heiliger« Held wäre zudem auch langweilig gewesen. Heute verstehe ich die antiken Heldenepen als vielschichtige, weise Auseinandersetzungen mit universellen menschlichen Erfahrungen von Entwicklung in der Dualität unserer Welt. Ich erinnere mich noch, dass zwischen den Kapiteln gelegentlich die Frage nach einer weit entfernten Penelope auftauchte: 20 Jahre Geduld üben im Nichtwissen, im Hoffen, im Weiterlieben ... damals war sie noch keine Heldin für mich, sie war das Ziel meines Helden.

Dem listenreichen Odysseus folgten Winnetou und Kara Ben Nemsi Effendi, Karl Mays fiktive Männergestalten. In fremden, fernen Welten agierten diese Abenteurer meist klug, furchtlos, oft brutal, waren verlässliche Freunde und ebensolche Feinde, Gut und Böse hatten Namen und konnten klar zugeordnet werden. Das bot Orientierung und ließ wohltuend wenig Raum für die überfordernde Komplexität einer Erwachsenenwelt.

Mein erster realer Held heißt Robert, er trat in mein Leben, als ich ungefähr 13 Jahre alt war. Ein Kinderstreit beim Schikurs gipfelte darin, dass mir mein Gegenüber mit dem Schistock am Kinn einen stark blutenden Kratzer verpasste. Robert warf sich heldenhaft dazwischen mit den Worten: »Lass du mir meine Moni in Ruhe!« Dann drehte er mich weg, legte den Arm um mich und gab mir ein Taschentuch, damit ich mir das Blut abwischen konnte. Die Blutstropfen im Schnee waren mittlerweile zu einer beeindruckenden Größe herangewachsen. Dieser kurze und scheinbar unbedeutende Vorfall lebt bis heute verklärt in meinem Gedächtnis. Eine neue wichtige Erfahrung durfte ich machen: Jemand anderer wirft sich für mich in den Kampf, riskiert auch eine Verletzung, rettet mich aus der Gefahrenzone, beschützt und umsorgt mich, kümmert sich um mich. Ich fühle heute noch, wie gut es tat, dass jemand sein eigenes Wohl kurzfristig zurückstellte, um für mich einzustehen. Natürlich war ich sofort schwer verliebt.

Einige Jahre später änderte ein einschneidendes Erlebnis mein Leben nachhaltig und stellte auch mein Bild vom Helden auf den Kopf. Mein Freund Johannes aus dem Tanzkurs – keiner tanzte besser als er – beendete selbst sein Leben mit 17 Jahren. Indem er sich auf die Gleise der Westbahn begab, wollte er als »Schulheld« auf Missstände und Ungerechtigkeiten aufmerksam machen und es den Lehrern zeigen. Er wollte erklärterweise ein Held sein und so sterben. Wie unaussprechlich groß waren das Leid und der Kummer, die über seine Mutter dadurch hereinbrachen! Sie war Alleinerzieherin, er ihr einziges Kind, und ich sah, wie ein Mensch innerhalb von wenigen Stunden um 20 Jahre alterte und schlagartig graue Haare bekam. Wie irritiert, wie verunsichert und zutiefst traurig waren wir, seine Freundinnen und Kolleginnen! Wir stellten lange Zeit hindurch Fragen nach unseren Fehlern und Versäumnissen und erhielten keine Antworten darauf. Das bislang für mich rein positiv besetzte Konzept des Helden brach schlagartig zusammen und zeigte brutal seine Kehrseite: Es gibt auch falsch verstandenes Heldentum. Ich machte sicherheitshalber in den nächsten Jahren innerlich einen großen Bogen um Held*innen. Ganz besonders mied ich ideologisch aufgeladene Helden und deren Geschichten.

Einige Jahre später nahm ich dann doch in Biografien beeindruckende, ja heldenhafte Frauen wahr. Sie interessierten mich, weil sie den Mut hatten, sich gegen althergebrachte Muster aufzulehnen, ein Umdenken bewirken wollten, Strukturen veränderten, über sich hinauswuchsen und trotz vieler schwieriger Situationen sinnerfüllte, schöne Leben führten. So hätte ich mich auch gerne verhalten, war aber ein zu angepasstes Mauerblümchen und traute mich nichts. Also musste ich mir Mut »anlesen«.

Marie Curie faszinierte mich sehr. Zwei Mal erhielt sie den Nobelpreis verliehen. Sie wollte durch ihre Forschungstätigkeit mit radioaktiven Substanzen Krebs heilen. Durch den frühen Unfalltod ihres Mannes Pierre hatte sie einen schweren Schicksalsschlag zu verkraften, anschließend musste sie alleine zwei kleine Kinder versorgen. Sie setzte ihren Ruf und ihre Karriere durch eine offen gelebte Liebesbeziehung mit einem verheirateten Kollegen aufs Spiel. Von ihren männlichen Kollegen in der Akademie der Wissenschaften wurde sie verleumdet und geschnitten. Und nie hat sie sich unterkriegen lassen.

Jedes Mal, wenn ich im Innsbrucker Stadtteil Kranebitten spazieren gehe, denke ich an Anna Dengel. Eine Straße ist dort nach ihr benannt, ihr Neffe war ehemals mein akademischer Lehrer. Er hat mir öfter erzählt, wie seiner Tante geradezu Ungeheures gelungen ist: Obwohl »nur eine Frau«, bewirkte sie eine Änderung des *Codex Iuris Canonici* der römisch-katholischen Kirche. Dank ihrer Beharrlichkeit erreichte sie 1936 die Durchsetzung einer Gesetzesnovelle, durch die auch Geistlichen erlaubt wurde, medizinische Tätigkeiten auszuüben. Das grenzt an ein Wunder, wenn man die Geschwindigkeit und den Veränderungswillen der vatikanischen

Mühlen kennt. Was für eine Lebens-Wegstrecke liegt zwischen dem Geburtsort Steeg im Tiroler Außerfern, einem Studium der Medizin in Irland zu Beginn des 20. Jahrhunderts und der Gründung des Ordens der Missionsärztlichen Schwestern in Indien, einer religiösen Kongregation mit Schwestern aus fast allen Kontinenten, mit denen sie weltweit 48 Krankenhäuser aufbaute? Anna war eine der ersten Ärztinnen in Tirol. Wie schmal ist der Grat zwischen Dickschädel, Sturheit und konstruktiver Beharrlichkeit?

Einen ganz besonderen Platz in meinem Herzen nimmt die Cellistin Anita Lasker-Wallfisch ein. Wir teilen die Liebe zu diesem wunderbaren Instrument. Sie wurde 1925 in Polen geboren und lebt heute in London. Sie überlebte die KZ-Lager Auschwitz und Birkenau deshalb, weil sie in der Mädchen-Lagerkapelle musizierte. Ihre Hauptaufgabe bestand darin, täglich morgens und abends am Haupteingang des Lagers für Häftlinge zu spielen, die außerhalb des Lagers arbeiteten. Die Orchesterleiterin Alma Rosé war für ihren Perfektionismus und ihre Strenge berüchtigt, und konnte so die Musikerinnen von den rauchenden Schornsteinen ablenken, in deren Nachbarschaft sie auftreten mussten. Anita Lasker-Wallfisch sagt selber, dass sie sich durch die Musik im wahrsten Sinne des Wortes über das Inferno hinweg in Sphären hineinspielte, die nicht von den Erniedrigungen einer Existenz im Konzentrationslager berührt werden konnten. Das Heldenhafte liegt für mich hier nicht nur im Überleben dieser unvorstellbaren Zeit, im Ertragen der Schmähungen und Erniedrigungen, im Nicht-Zerbrechen daran, sondern auch daran, nach so langer Zeit die Bereitschaft aufzubringen, als Zeitzeugin die eigenen traumatischen Erfahrungen nochmals anzuschauen, anzusprechen und der Nachwelt authentisch Zeugnis zu geben. Was für unglaubliche Kraftanstrengungen und Entbehrungen stehen hinter diesen Erfahrungen! Und was ist die Kraft dahinter, die eine junge Frau dies durchstehen und eine ältere Dame darauf zurückblicken lässt?

DURCH DIE BESCHÄFTIGUNG mit den Biografien dieser und noch einiger anderer Frauen und Männer konnte ich wieder Heldinnen und Helden sehen. Doch mein Held*innenbild hatte sich entscheidend vom listigen Kraftprotz weg gewandelt. Ich wollte auch wissen, was diese Menschen gemeinsam auszeichnet, die für mich im positiven Sinn Held*innen sind, ohne diesen Titel jemals angestrebt zu haben.

Ich glaube Menschen zu sehen, mit liebeswürdigen Eigenschaften, und mit Ecken und Kanten. Menschen. Es gelingt ihnen nicht alles im Leben. Sie machen Fehler, aus einigen lernen sie, nicht unbedingt aus allen. Sie leiden unter Beziehungsproblemen und Krankheiten, müssen sich ihren Schattenseiten stellen, Sorgen, Ängste und Schwächen quälen auch sie. Nicht immer gehen sie mit sich selbst gut um. Meinem Eindruck nach sind sie auch nicht immer Sympathieträger*innen, manches Mal bringen sie sogar ihre Nächsten zur Verzweiflung oder auch in Gefahr. Gemein scheint ihnen allen jedoch, dass sie sich selbst nicht als das alleinige Maß aller Dinge sehen, sondern über die Fähigkeit der Selbsttranszendenz verfügen. Sie verstehen sich oft als aktiv involvierter, Verantwortung tragender kleinerer Teil eines Größeren und Höheren. Das gibt ihrem Tun Sinn. Sie lassen sich aus dieser Bezogenheit auf etwas Höheres nähren, inspirieren, antreiben und tragen, bei vielen ist das eine bewusste Entscheidung dafür. Immer verfolgen sie ein Ziel, das nicht nur ihnen selbst, sondern auch anderen dient. Das altmodische Wort »Gemeinwohl«, das aus unserem Vokabular fast verschwunden scheint, ist ihnen kein Fremdwort. Sie übernehmen Verantwortung, fordern, fördern und überfordern andere gelegentlich mit ihrer Begeisterung. Sie verfügen über die Bereitschaft, sich einer brennenden Liebe gegenüber zu öffnen und scheuen nicht vor Komplikationen und Gefahren zurück. Gerade in den schwierigsten Situationen leben sie aus diesem »Getragen-Sein«, dieser Verbindung zu einem höheren Zweck. Verzweiflung, Rückschläge und Niederlagen sind ihnen vertraut, doch diese Frauen und Männer bleiben nicht in Selbstmitleid verhaftet, sondern schreiten irgendwann wieder voran. Die Herausforderungen auf ihrem Weg akzeptieren sie als Entwicklungschancen, welche schlummernde Kompetenzen zum Blühen bringen können. Und aus dieser inneren Haltung heraus gelingen ihnen Taten, die für mich heldenhaft sind.

Vor ungefähr 15 Jahren starb meine Nachbarin. Ihr Sohn war damals sechs Monate alt. Der Witwer sagte mir, er könne alles nur mit Blick auf sein Kind überleben, doch er wisse noch nicht wie: keine unterstützenden Verwandten in der Nähe, große Probleme mit dem Arbeitgeber, eine familiäre Katastrophe. Heute winken Vater und Sohn mir lachend zu, wenn sie an mir vorbeiradeln … für mich ist der Vater mein Nachbarsheld.

Eine Nachbarsheldin habe ich auch: Sie ist über 80 Jahre alt, ihre Netzhaut löst sich ab und sie erblindet, stürzt daher gelegentlich schwer, erträgt die nötigen Operationen, Gipsverbände und Krücken mit Humor, organisiert für ihre fast erwachsenen Enkelkinder die Wäsche und bäckt regelmäßig für ihre Tochter Kuchen, weil diese im Arbeitsprozess dafür keine Zeit hat. Sie achtet auf ihr Äußeres, trifft sich mit Freundinnen zum Saunieren, trinkt gelegentlich mit der anderen Nachbarin ein Gläschen am Nachmittag und kümmert sich dann um ihre kranke Schwester, der es gesundheitlich eigentlich besser geht als ihr, die sich aber mies fühlt. »Ich will meine Liebe in die Zukunft tragen«, sagt sie. Genau das tun Alltagsheld*innen durch ihre Held*innentaten. Die Liebe in die Zukunft tragen. Heute ist ein guter Tag, um damit zu beginnen, wenn wir noch nicht damit begonnen haben.

Rainer Nowak

Andreas Hofer – Held und Taliban

Andreas Hofer war Österreichs einziger Partisan. Als Tiroler musste ich ihn verehren, als junger kritischer Kopf verachten. Wie das so ist mit Helden.

ALS SEHR KLEINER TIROLER war es ganz selbstverständlich: Der Mann war ein Held, die Vorfahren im Land waren die einzigen Österreicher gewesen, die sich kompromisslos gewehrt hatten. Ich konnte die gesamte Landeshymne »Zu Mantua in Banden« auswendig singen. Ich wäre keine Minute auf die Idee gekommen, dass es Bundesländer ohne Landeshymne gibt oder dass bei Vorhandensein einer solchen ein Kind sie nicht ernsthaft inbrünstig singen wollte und musste. Immerhin war es eine Geschichte, wie es sie seit den Nibelungen nicht mehr zu erzählen gegeben hatte, und die Siegfrieds waren bekanntlich keine Tiroler gewesen. Die Geschichte Andreas Hofers beginnt wie jede gute Heldensage mit dem vermeintlichen Heldentod, seiner Exekution, seinem in jeder Hinsicht unfairen Militärprozess: »In Mantua zu Tode führt ihn der Feinde Schar.« Sogar das vorletzte Kapitel in Hofers Leben wirkt biblisch:

Er wurde von einem Getreuen verraten. Tirols Judas. Bis heute wird Andreas Hofer beschworen, wenn sich die Tiroler angegriffen fühlen – oder angegriffen werden. So wurde in der Ischgl-Krise und den Covid-19-Auseinandersetzungen das Andreas-Hofer-Klischee vor allem gern bei Beschreibungen der Tiroler fern der dann zum Teil gesperrten Landesgrenzen bemüht. Schon im 19. Jahrhundert galt er in weiten Teilen Europas als faszinierender Revolutionär, Bürgerdamen trugen sein Bild im Medaillon an der Halskette – ein früher Che Guevara der Alpen. Man erzählte auch von großen Heldentaten auf sexuellem Feld. Das ist zwar wohl gut erfunden, aber für einen Buben ziemlich beeindruckend.

Der Nationalheld eignet sich daher auch als Reibebaum, Kritik am offiziellen Bild Andreas Hofers ist seit Historikergenerationen die schnelle Eintrittskarte im lokalen Klub progressiver Intellektueller. Spätestens als Student im freiwilligen schönen Wiener Exil hatte ich meine Meinung radikal geändert: Taliban, katholischer Fundi und radikaler Modernisierungsverweigerer lauteten die üblichen negativen Zuschreibungen, die ich durchaus argumentieren konnte. Immerhin war Hofer vor allem tatsächlich eines: ein Rechtformgegner.

Und die Wahrheit? Nüchtern und knapp formuliert wäre die Geschichte schnell erzählt: Der Sandwirt aus St. Leonhard in Passeier lehnt sich 1809 gegen die bayerisch-französische Besatzung auf, mit anderen Widerstandskämpfern, Tausenden Schützen und Bauern. Zeitweise unterstützt von Österreichs Armee, schlägt er die militärisch überlegenen Feinde in drei Schlachten am Bergisel und zahlreichen Guerilla-Angriffen im ganzen

Land – die vierte Schlacht verlieren die Tiroler. Hofer flieht in den Süden Tirols, wird verraten, gefangen genommen und erschossen. Der Spuk oder Traum hatte nicht einmal ein Jahr gedauert. Napoleon hatte sich höchstselbst über den Aufständischen geärgert und persönlich sein Todesurteil verhängt. Den diplomatisch-pragmatischen Habsburgern war er nur kurze Zeit und nur mit der anfänglichen Aussicht auf Erfolg willkommen gewesen. Der Verrat Wiens an den Tirolern bleibt über Jahrhunderte.

ALSO WER WAR HOFER, einer der wenigen unerwarteten Herausforderer Napoleons, den französische Schulkinder als Helden unterrichtet bekommen? Vor allem einmal ein Wirt. Wer könnte dem Volk besser die Stimme geben als ein Wirt? Erst recht dem Volkszorn. Erst recht ein charismatischer und wortgewaltiger Wirt, der vergleichsweise viel von der Welt gesehen hatte. Andreas Hofer war so einer, seine Reisen als Weinhändler und Wirt hatten ihn von seiner Heimat im Passeiertal nach Norditalien und in die Hauptstadt Tirols geführt. Und hatten ihn Kontakte zu anderen Gastwirten knüpfen lassen, die alle den Volkszorn spürten. Schon seit den späten 90er Jahren des 18. Jahrhunderts leisteten lokal immer wieder Schützen Widerstand gegen die napoleonischen Armeen – immer wieder vor allem im heutigen Südtirol.

Nach der Niederlage Österreichs im Dritten Koalitionskrieg gegen Napoleon und seine Verbündeten kam Tirol nach dem Frieden von Pressburg 1806 unter bayerische Herrschaft. Gemäß den aus dem revolutionären

Frankreich und Bayern übernommenen Reformideen sollte auch Tirol modernisiert werden. Vor allem eine Maßnahme sorgte für Widerstand im katholischen Tirol, die auch den Klerus, vor allem die normalen Pfarrer, buchstäblich auf die Barrikaden trieb und auch in Österreich zum Teil umgesetzt wurde: Die Josephinische Kirchenreform wurde – teilweise sogar in einer verschärften Variante – wiedereingeführt, Kirchenvermögen wurden zum Teil Richtung Staat transferiert und bestimmte Traditionen wie Prozessionen und Wallfahrten massiv eingeschränkt. Wie hatte der Namensgeber und österreichische Vorzeigereformer Joseph II. einst die Klöster bezeichnet? – »Eine Quelle des Aberglaubens und des religiösen Fanatismus.« Tatsächlich war es ein gewisser Pater Haspinger, Kapuzinerpater sowie einer der engsten Berater Hofers und in den Schlachten selbst mit dem Kreuz an der Spitze, der die von der bayerischen Besatzung auch für Tirol eingeführte Pockenimpfung mit der Begründung bekämpfte, dadurch solle Tiroler Seelen »bayerisches Denken« eingeimpft werden.

Die geplante Machtverschiebung von der katholischen Kirche Tirols zum bayerischen Staat war der Grund; der Anlass für den landesweiten Aufstand, der dank paramilitärischer Strukturen, nämlich der guten alten Schützen, eindrucksvoll gelang, war freilich ein anderer: Napoleons Armee brauchte neue Soldaten, und die sollten auch in Tirol zwangsrekrutiert werden. Die Tiroler verweigerten das auch deswegen so vehement, weil sie sich seit dem sogenannten Landlibell Kaiser Maximilians I. nur verpflichtet sahen, die Grenzen der eigenen Heimat, also Tirols, zu schützen. Gegen ihren

Willen konnten sie daher nicht eingezogen werden, für Napoleon war das naturgemäß irrelevant. Im kleinen Axams nahe Innsbruck eskalierte im März 1809 eine solche Zwangsrekrutierung, die jungen Bauern flohen, zwei von ihnen entwaffneten einen bayerischen Offizier. Auch im »Welschtiroler Fleimstal« wurde deswegen sogar der Ort Cavalese von den wütenden Bauern besetzt.

In ganz Tirol erhoben sich nun die Schützen – Kaiser Franz schickte aus Wien Truppen und Offiziere. Immerhin war das lang geplant, Hofer war selbst heimlich im Jänner nach Wien gereist, hatte im Hotel Zum Goldenen Kreuz in Wien-Mariahilf übernachtet und Verhandlungen mit den höchsten Militärs geführt. Obwohl Hofer versprochen hatte, im Hotel zu bleiben, um keinen Verdacht zu erregen, war er zu einer Theatervorführung gegangen, bei der sein Äußeres – groß, breit, derb und so bärtig – für Aufsehen sorgte. Zeitgenössischen Quellen nach soll er unter Wiens Bürgerdamen deswegen Gesprächsthema gewesen sein, aber das ist vielleicht Teil der Legende. Kaiser Franz und seine Berater erhofften sich nach dem Aufstand in Spanien gegen Napoleon, dass Tirol französische Truppen binden würde und Nachahmer finden könnte.

Am 9. April begann der Aufstand in Innsbruck, bei dem sich die Bürgerschaft zum Teil mit den bayerischen Offizieren und Beamten arrangiert hatte. Die Verteidigung der Stadt durch den bayerischen General Kinkel geriet zum Fiasko, er unterschätzte den Landsturm der Tausenden Bauern. Seine zwei Kompanien, eine in Hötting vor der Innbrücke, die andere in Wilten, wurden von rasenden Tirolern überrannt und überwältigt. (Ich bin in Hötting beziehungsweise St. Nikolaus aufgewachsen, kannte und kenne also jede mögliche originale Stelle, an der gekämpft wurde.)

In den kommenden Stunden erlebte Innsbruck dann weniger die Befreiung durch Helden denn einen wütenden, immer betrunkeneren Mob, der plünderte und vergewaltigte; nicht nur die bayerischen Besatzer waren das Ziel der Übergriffe, sondern eben auch die wohlhabenden Bürger der Stadt – und die Juden. Die kleine Gemeinde wurde von einem Gewaltexzess getroffen, der von antisemitischen Verhetzungen der vergangenen Monate angefacht wurde: Die Innsbrucker Juden hätten die Reliquien und Schätze der von den Franzosen und Bayern enteigneten Klöster und Kirchen weiterverkauft. Was natürlich nur in äußerst seltenen Fällen passiert war.

Hofer war zu diesem Zeitpunkt nicht einmal in Innsbruck und rückte erst später ein, vor ihm erreichte der vielleicht bessere Anführer des Aufstands die Stadt: Martin Teimer war wie der Unterinntaler Schützenmajor Josef Speckbacher strategisch und politisch wesentlich versierter, Hofer war der charismatische Volkstribun, der nur schlecht schreiben konnte. Als Teimer, Schützenhauptmann aus Schanders und studierter Jurist, nach Innsbruck kam, fand er eine devastierte Stadt und einen Haufen Betrunkener vor. Die über den Brenner anrückenden Franzosen hätten die Stadt mit Leichtigkeit einnehmen können. Die zu erwartenden österreichischen Regimenter waren noch im Unterinntal. Teimer griff zu einer List, verkleidete sich mit einer alten Uniform als österreichischer Offizier, gab sich als

Gesandter von Erzherzog Johann aus und brachte den vom langen Marsch ermüdeten General Bisson mit 5.600 Mann dazu zu kapitulieren: Die Österreicher seien zahlenmäßig überlegen, würden jeden Moment ankommen und Innsbruck von einer starken regulären Streitmacht verteidigt. Erst später kam Hofer unter dem Jubel der Bauern dazu und ließ sich als Generalkommandant titulieren.

Was in den kommenden Monaten bis in den Spätherbst passieren sollte, ging als Tiroler Freiheitskampf in die österreichische Geschichte ein, auch wenn er schon früher mit zahlreichen Scharmützeln begonnen hatte. Er war vor allem von einem ständigen Hin und Her bestimmt, das weniger vom Kriegsglück oder der Taktik der Tiroler denn der Politik in Wien, Paris und München geprägt war. Denn Napoleon hatte seine und die verbündeten Truppen aus Tirol und Bayern abgezogen, um mehr Truppen gegen Österreicher und Deutsche zur Verfügung zu haben. Dass Tirol wieder an Österreich fiel, war ihm zu Beginn schlicht egal.

Es kam zu vier, genau genommen fünf Schlachten am Bergisel und unzähligen kleineren Gefechten und Guerilla-Angriffen auf die bayerische beziehungsweise die französische Armee. Dabei überraschte die bisherigen und später wieder zurückkehrenden Besetzer vor allem eines: die Stärke der Tiroler Freischärler, die Ausdauer und die Zielgenauigkeit der Schützen. Die erste Schlacht war die bereits geschilderte um Innsbruck, die zweite und dritte wurden ebenfalls von den Tirolern gewonnen – einmal als Angreifer von den Hängen auf Innsbruck, das andere Mal als starke Verteidiger. Doch dann hatte sich die geopolitische Situation massiv verändert. Im Frieden von Schönbrunn gaben die besiegten Österreicher endgültig ihren Anspruch auf Tirol auf, welches wieder an Bayern fiel. Noch am Tag des Friedensschlusses am 14. Oktober 1809 gab Napoleon den Befehl, Tirol zu unterwerfen. Die Bayern traten zum Sturm auf Tirol an, und bereits am 24. Oktober standen sie vor Innsbruck. Hofer hatte die Landeshauptstadt schon verlassen und zögerte mit einem neuerlichen Angriff. Nach leichten Gefechten traten die Bayern am 1. November in der Früh zum Sturm auf den Bergisel an, und nach einem knapp zweistündigen Gefecht war die letzte Schlacht für die Tiroler verloren.

Hofer hatte noch einmal das malerisch verewigte »letzte Aufgebot« um sich geschart, nun musste er fliehen. Mit seiner Familie und seinem Sekretär Kajetan Sweth versteckte er sich auf der kleinen Mähderhütte der »Pfandleralm«. Am 28. Jänner 1810 wurde er von französischen Soldaten gefangen genommen, die seinen Aufenthaltsort vom Tiroler Franz Raffl für 1.500 Gulden erfahren hatten. Danach wurde er zuerst nach Bozen und dann nach Mantua, dem Hauptquartier des für den südlichen Teil Tirols zuständigen französischen Vizekönigs von Italien, Eugène de Beauharnais, ins Militärgefängnis gebracht.

Beauharnais hatte Hofers Leben zunächst schonen wollen, Napoleon selbst ordnete die sofortige Exekution an. Sein Pflichtverteidiger, der italienische Anwalt Jacob Bassevi, kämpfte trotz Vorverurteilung ernsthaft für ihn. Doch das französische Kriegsgericht verhängte am 19. Februar 1810 das bereits diktierte Todesurteil über

Andreas Hofer. Dieses wurde am folgenden Tag von einem Erschießungskommando vollstreckt. Was seine letzten Worte gewesen sind, ist umstritten bis historisch unbewiesen. Laut Tiroler Landeshymne waren es: »Gebt Feuer! Ach, wie schießt ihr schlecht!« Tatsächlich musste man ihm einen Gnadenschuss geben. Die andere Variante lautet: »Franzl, Franzl, das verdank ich dir!« Die Rede sei vom Kaiser gewesen. Pater Haspinger überlebte übrigens und ging ins Salzburger Exil, wo er im schönen Schloss in Goldegg bis zum Tode lebte.

Der Todestag Andreas Hofers ist inoffizieller Landesfeiertag in Tirol. Für mich persönlich ist er das bis heute, und ein guter Tag, um die Ambivalenz von Helden zu diskutieren.

Vielleicht hätte ich ja über einen unstrittigen Helden schreiben sollen: Antoine Béthouart, Weltkriegsveteran (1. WK) und hoher Offizier unter Charles de Gaulle, wurde als französischer Hochkommissar der oberste Besatzer der französischen Zone, also Tirols und Vorarlbergs. Seine versöhnliche Haltung den bisherigen Feinden gegenüber machte ihn ungemein populär. Er erlaubte sogar den Schützen, ihre historischen Waffen zu tragen, und legte 1950 einen Kranz beim Andreas-Hofer-Denkmal am Bergisel nieder. Sein Abschied aus Tirol war ein kleiner Triumphzug, die Tiroler verabschiedeten ihren »Besatzer« ehrenvoll. Wenn das Hofer gewusst hätte …

Cornelius Obonya
Der Vogel als Löwe

WAS FÜR EIN GROSSES WORT: »Held«. Was ist das eigentlich? Zuerst kommen mir die Helden meiner Kindheit in den Sinn. Asterix, Prinz Eisenherz, Old Shatterhand, seltener Winnetou, der war Indianer, der war anders – aber auch ganz toll. Dann vielleicht noch Tim, der mit dem Struppi, den ich auch nicht so richtig wahrnahm, auch eine Bessy gab es, das war auch ein Hund mit einem Westernhelden als Herrl, dessen Name mir entfallen ist, und der wiederum hatte ein tolles rotes Hemd an und konnte ganz gut schießen – ach ja, Lucky Luke natürlich, aber den habe ich nicht nachgespielt, als Kind. Auch nicht seinen Schatten. Nun, Asterix oder Obelix auch nicht, habe ich auch nie nachgespielt. Warum eigentlich nicht?

Jetzt stehe ich, Jahrzehnte später, vor der Aufgabe, über einen Helden oder auch über eine Heldin zu schreiben. Man hat mich gefragt, ich habe zugesagt, wissend, dass ich nicht schreiben kann, zumindest keine Bücher, der lange Atem fehlt, denke ich, dachte ich, werde ich vielleicht auch noch nach diesem Essay denken. Vielleicht reicht es ja hierfür. Älter geworden, nicht weiser, aber vielleicht etwas klüger, werde ich es versuchen.

Held. Was für ein abgeraunter, abgerotzter, abgegriffener Begriff. Ein Vogel fliegt im Regen durch die Luft und fällt nicht runter. Ist er schon ein Held? Aus der Sicht dessen, der nicht zu fliegen vermag, sicher. Bewunderung. Das ist es, was man dann empfindet. Ehrerbietung vor der Leistung. Andererseits: Was soll ich bewundern, wenn dieser Vogel nur das tut, was er kann? Was er eben einfach so kann. Ja, das ist eine Frage, an der man schon mal verzweifeln könnte. Ich kann da etwas nicht, was ein anderer, eben der Vogel, kann. Es ist ihm gegeben, von der Natur, von einem oder dem Gott, oder der Göttin, von wem auch immer da droben im Himmel, oder wo auch immer dieser jemand sein und wohnen möge.

HELD ALSO WILL ER SEIN, oder will sie sein. Wollen kann man vieles. Ein Sprichwort unter Künstlern besagt: Kunst kommt von können, nicht von wollen, sonst hieße es Wunst. Ja, das stimmt allerdings. Also muss man »Held können«? Nicht nur, aber auch. Und ganz sicher muss man es wollen. Ob man es wird, kann man nicht wissen, aber, wie schon viele verschiedene Philosophien (bitte mit ph, hoffentlich niemals mit f!) erklärten, man kann danach streben. Das ist ein Unterschied zum Wollen. Wollen kann ich vieles, Erstreben erfordert Kraft. Ist nicht leicht, wird einem nie leicht gemacht. Bedeutet Arbeit an den inneren Befindlichkeiten, Einstellungen, erfordert unendlich viel Wissen-wollen. Neugier, die manchmal auch nicht befriedigt wird. Aber das lernt man erst im Laufe der Erfahrungen.

Ich weiß nicht, was ein Held ist. Helden werden nicht geboren, sagt man. Also gibt es auch kein von vornherein festgelegtes, zu studierendes Anschauungsmaterial. Gut. Ich denke, man muss sie suchen, erstreben, dann finden sie einen – nein, nicht die Menschen, nicht die Helden muss man suchen, sondern die Dinge, die einen Helden formen könnten, im richtigen Moment. Wie schon Erich Kästner sagte: »Weil keiner unter uns und überhaupt niemand die Mutfrage beantworten kann, bevor die Zumutung an ihn herantritt. Keiner weiß, ob er aus dem Stoffe gemacht ist, aus dem der entscheidende Augenblick Helden formt.«

Eben. Aber Moment. Was war das, was war da zu hören? Die »Mutfrage«? Mut also, das braucht es. Nicht nur das Streben nach Wissen, wie ich vorher meinte. Formt mein Wissen denn dann auch meinen Mut? Kann mein in unendlicher Geduld aufgehäufter Berg an Wissen, an gelesenen Büchern, an geführten Gesprächen »meinen Mut machen«? Nein, nur »mir Mut machen«. Und das ist gut so. Einmal nicht etwas, das man erwerben, sich kaufen kann. Eigentlich wohltuend. Der Berg an Wissen kann also mir Mut machen, meinen Mut machen zu können, im richtigen Moment, wenn nötig. Aber wann genau ist das nötig?

Helden werden erst in der Sekunde gemacht, wo sie gebraucht werden. Nicht vorher, nicht nachher. Vorher kann der potenzielle Held, die potenzielle Heldin nicht wissen, dass er oder sie gebraucht wird. Und nachher ist die Heldin oder der Held nicht mehr Heldin oder Held, sondern steht wieder ohne diesen Status da. Bis zum nächsten Augenblick, in dem sie oder er gebraucht wird.

Aber zurück zu unserem im Regen fliegenden Vogel. Wieso eigentlich im Regen fliegend? Es reicht doch schon, dass er überhaupt fliegen kann. Vielleicht kam mir der Regen in den Sinn, weil er für die Unbill stehen könnte, die auch einem frei Fliegenden passieren kann. Wir wollen ja auch nicht im Regen stehen gelassen werden. Und ein Unwetter ist auch für die mit beiden Beinen auf dem Boden stehenden Nichtflieger gar nicht schön.

DIE HELDEN ALSO. MEIN HELD. Das war kein Vogel, sondern ein Löwe. Ari Rath. Ari heißt Löwe. Stimmt, und so lautet auch der Titel seiner Autobiographie: »Ari heißt Löwe«, aufgezeichnet von Stefanie Oswalt, erschienen bei Zsolnay im Jahre 2012.

Ari ist mein Held. So einfach kann ich das sagen. 1986 haben wir einander kennengelernt. Meine Mutter, Elisabeth Orth, hat uns bekannt gemacht. Er traf sie im Zuge der so genannten Waldheim-Affäre. Er war ein zögerlicher Rückkehrer nach Österreich, ein zögerlicher Rück-Erinnerer, ein des Rückkehrens nach Österreich sehr zögerlicher ehemals österreichischer Jude, der vertrieben worden war, mit dreizehn Jahren aus Wien, der dann ein des Rückkehrens nach Wien, seiner eigentlichen Stadt, sehr zögerlicher Israeli wurde. Der gekämpft hatte für sein neues Land, das er mit dreizehn Jahren noch gar nicht kannte, weil es noch nicht existierte, der nur Palästina kannte, diese Erfindung der

Politik und der Geschichte, das es auch so nicht gab, für die Araber nicht, für die Juden nicht, für die Engländer schon gar nicht, die das Mandat über diesen Küstenstreifen innehatten, von dem sie nicht wussten, was damit anfangen, wie es loswerden, wie die Menschen ernähren, befrieden, bekämpfen. Alles ein ziemlich biblisch-politisch-linguistisches Durcheinander. Da waren sie nun, Ari und sein ein Jahr älterer Bruder Meshulam, gekommen auf der »Palästina«, einem Schiff von vielen, einem echten Traumschiff, nicht einem televisionärverkommenen. Traum vom Überleben, träumen vom Leben. Ein Dreizehnjähriger und ein Vierzehnjähriger beschlossen nach der Landung am Strand des unbekannten Landes nie wieder

» Helden werden erst in der Sekunde gemacht, wo sie gebraucht werden. Nicht vorher, nicht nachher. «

Deutsch zu sprechen, niemals wieder die Wörter ihrer gerade final zu Ende gegangenen Kindheit zu benutzen. Was für ein Entschluss. Sie wollten nur noch Hebräisch sprechen, die Sprache derer, die mit ihnen gelandet waren, die schon längst da waren, oder derer, die noch kommen würden.

Die Einzelheiten dieser Biographie lesen Sie alle bitte in Aris Buch. Das ist viel spannender, unglaublicher, lebensbejahender, als ich es hier wiederzugeben vermöchte. Und Hagiographie will ich auch keine schreiben. Respekt vor Aris Lebensleistung gebietet das.

Aber ich kannte ihn, durfte sein Freund sein. Einunddreißig Jahre lang. Mein Gewinn, sein Geben, sein unendliches Geben. Was fängt einer an mit dem Sohn der Schauspielerin, die sich redlich gegen den Antisemitismus in Österreich engagiert, der noch ein Schüler ist? Nein, war er nicht mehr, zu dem Zeitpunkt. Er war schon Schauspielschüler, oder auf dem Weg dahin. Gerade etwas über dem Alter, in dem Ari und sein Bruder fliehen mussten. Welch Luxus.

Der halbe Schauspieler, also ich, stand damals bei einer Mahnwache vor dem O5-Zeichen, das rechts neben dem Riesentor des Stephansdoms in Wien von einem Unbekannten in den letzten Tagen des Tausendjährigen Reiches dort eingeritzt worden war. Widerstandsgruppe O5. Die neuen oder vielleicht auch alten Nazis hatten dies Zeichen geschändet in jenen Tagen, als sie nicht verstehen konnten, dass die Pflichterfüllung nicht per se etwas Gutes und national zu würdigendes ist oder war, sondern etwas, das zu hinterfragen sich die neuen, die neueren Menschen der Republik getraut hatten. Und dabei blieben.

Es ging nicht mehr. Verdrängung war keine Option mehr. Aufatmen hieß die Devise. Und der ältere Herr, der immerhin die UNO geführt hatte, Dr. Kurt Waldheim, war nicht imstande zu verstehen, dass das auch ihn betraf, der ganz sicher kein Kriegsverbrecher gewesen war. Stimmt. Unrecht wurde ihm hier teilweise getan. Aber er wusste. Musste gewusst haben. Beweise gab es nun, weil nicht mehr geschwiegen wurde, weil man nun die Befehlswege kannte, weil man sich einmal wirklich mit den militärischen Positionen der Akteure auseinandergesetzt hatte. Man musste gewusst haben. Er musste gewusst haben.

Und dann bat man Ari Rath, den zurückhaltenden rück-erinnernden Zurück-kehrer, den österreichischen Israeli, den jüdischen Österreicher, den brillanten Journalisten, den Friedensaktivisten, den, der schon im eigenen Land, in Israel nämlich, nicht von allen wohlgelitten war, weil er aneckte, weil er nicht und nicht an den Legenden der Staatsgründung und Staatswerdung dieses so heiß ersehnten eigenen jüdischen Bodens mitstricken wollte. Diesen also, ausgerechnet, bat man, dem älteren Herrn doch zu helfen, den Weg zu finden, der ihn wie Richard von Weizsäcker hätte werden lassen können, den deutschen Bundespräsidenten, der die Wahrheiten zum ersten Mal offiziell aussprach, was aber nicht möglich war, denn er war leider Österreicher und denen schmeckt die Wahrheit immer erst zehn Jahre später, wenn alles schon Geschichte geworden ist und man sich nicht mehr »in res acuta« zu bewähren hat.

Und Ari half. Aber es half nicht. Vergebens.

ER HAT MIR DIESE GESCHICHTE, und viele andere, erzählt. Er war anders als alle anderen. Er lehrte mich, hinzusehen. Hinzuhören. Zu erkennen, zu hinterfragen, nicht aufzugeben, nicht zurückzustecken. Bleib bei dem, was Du für richtig erachtest, aber hinterfrage Dich immer selbst. Suche Rat, hole Rat ein. Erfrage. Fordere. Von Dir und anderen.

Hoffentlich gelingt es mir.

Ari heißt Löwe. Das ist das Held-Sein. Durch all den Wahnsinn dennoch zurück zu finden. Verfolgt, vertrieben, des Lebens nicht mehr sicher, hier nicht und dort auch nicht immer, des Staates beraubt, der Kultur beraubt, der neuen Kultur nicht sicher, dann doch vertraut, das Wasser Wiens getauscht haben müssend gegen den Sand Jerusalems. Und dann geht er in beide Welten, durchwandert die Geschichte und ergreift die ausgestreckte Hand derer, die ihn um nichts mehr in der Welt verfolgt sehen wollen würden, und reicht selbst die Hand, bis er ein erzählender Wiedergänger wird, der am Ende dann selbst im Burgtheater, auch einem Sehnsuchtsort seiner Kindheit, auf die eine oder andere Art, von seinem Leben erzählt, auf der Bühne. Und alle hören ihm zu. Auch ich. Ich durfte sein Freund sein. Der Einzige, den ich ein Vorbild nenne. Held ginge auch.

Matthias Opis
Ordnung und Offenheit

Ignatius v. Loyola und Walter Benjamin

I.

UNTER DER SENGENDEN SONNE von Pamplona zerschmetterte vor genau 500 Jahren eine Kanonenkugel die höfisch-ritterliche Karriere des Iñigo López de Oñaz y Loyola. Seine schwere Verwundung fesselte den damals 30-jährigen Ignatius monatelang ans Bett und stürzte ihn in eine tiefe existenzielle Krise. Den Idealen des Rittertums – Treue und Dienst einem Herrn gegenüber, Kampfesmut und Tapferkeit –, auf die sein Leben bis dahin ausgerichtet war, konnte er nicht mehr genügen.

In seiner Autobiografie »Bericht des Pilgers« hat Ignatius später ausführlich beschrieben, welche innere Verwandlung er auf dem Krankenbett erfuhr. Zur Untätigkeit gezwungen, vertiefte er sich in geistliche Erbauungsbücher der Zeit, in denen, angereichert durch die Fantasie der Autoren, das Leben Jesu und die Geschichten der Heiligen erzählt wurden. Bei der Lektüre bemerkte Ignatius, welche unterschiedlichen Regungen,

Gefühle und Stimmungen diese Erzählungen in ihm auslösten. Auf dieser Grundlage entwickelte er später die berühmte »Unterscheidung der Geister«, die für seine »Exercitia Spiritualia« zentral ist.

Szenenwechsel: Nach Jahren des Exils in Frankreich befindet sich der deutsch-jüdische Philosoph, Kulturkritiker und Autor Walter Benjamin im September 1940 auf der Flucht vor den Nazis. Mit einer kleinen Gruppe versucht er von Marseille aus Spanien zu erreichen, um von dort über Portugal mit einem Visum in die USA auszureisen. Im spanischen Grenzort Portbou, knapp 600 Kilometer östlich von Pamplona, nimmt sich Benjamin in der Nacht vom 26. auf den 27. September 1940 mit einer Überdosis Morphium das Leben – im Irrglauben, seine Flucht sei gescheitert.

Dieses tragische Ende eines unsteten Lebens wurde seither unzählige Male nacherzählt. Bis heute wird das Werk Benjamins überwiegend von seinem Tod her gedeutet – alles, was er geschrieben hat, durchzieht auf eigentümliche Weise immer auch ein biografisches Webmuster. Gegenüber seinem Freund Gershom Scholem hat Benjamin das eigene Leben einmal als »Siegen im Kleinen« und »Niederlagen im Großen« bezeichnet.

II.

WARUM TAUCHEN DIESE BEIDEN NAMEN, Loyola und Benjamin, in einem Buch über »Helden« auf – noch dazu in dieser Kombination, die ganze Jahrhunderte und Lebenswelten überspannt? Was ist das »Heroische« an diesen beiden Persönlichkeiten, deren Leben doch so viele Bruchstellen, so viel Scheitern aufweisen?

Wie andere auch habe ich einen »antiheroischen Affekt«, der den Begriff des Helden in ein dunkles Eck meines Wortschatzes verbannt. Dies in erster Linie deshalb, weil insbesondere im 20. Jahrhundert Millionen von unglücklichen Menschen als Soldaten und Zivilpersonen mit ihrem Tod als »Helden« vereinnahmt und zugleich verunglimpft wurden. Nichtsdestotrotz bin ich dankbar für die stillen und bisweilen glücklicherweise auch weniger stillen Mitmenschen, die Zeichen setzen und der Zivilgesellschaft einen Dienst erweisen, indem sie nicht nur zusehen, sondern einschreiten.

Meiner Einschätzung nach erschöpft sich heroisches Verhalten aber keineswegs allein in respektablen Taten edler Menschen. Es spricht einiges für die Einschätzung des Literaturtheoretikers und Publizisten Karl Heinz Bohrer, wonach es eher »die Abweichung ist, die das Heroische kennzeichnet, nicht die Erfüllung einer vorgegebenen moralischen Norm«. Und womöglich sind es auch weniger die sichtbaren Taten, die das »Heroische« vermitteln, sondern die Gesten des Unerwarteten und Kühnen, die als »Pathos des Eigensinns« Eindruck machen.

Als ich einleitend von Ignatius schrieb, erwähnte ich, dass er sich nach seiner schweren Kriegsverletzung von seinen äußeren Idealen verabschieden musste – er blieb diesen Idealen aber auf eine viel innigere Weise treu, indem er sein Seelen- und Glaubensleben in den Fokus der Betrachtung rückte. Dieses »Omnia ad maiorem Dei gloriam« (»Alles zur höheren Ehre Gottes«) wird zum neuen Leit- und Lebensmotiv des Ignatius, das er mit großer Überzeugungskraft vermittelte und das letztlich eine Ordensgemeinschaft stiftete, deren Wirkung bis heute – auch was die Schattenseiten betrifft – kaum zu überschätzen ist.

Auch Walter Benjamin entspricht, auf ganz andere Weise, »der Abweichung, die das Heroische kennzeichnet«. Trotz oder gerade wegen seiner eminenten denkerischen Originalität findet Benjamin nie einen Einstieg in die akademische Laufbahn. Die Schuhlöffel, die ihm diesbezüglich angeboten werden, ergreift er aus Unbeholfenheit nicht oder er will sie nicht sehen. Natürlich ist er gezwungen, Kompromisse zu machen, d. h. Gelegenheitsarbeiten anzunehmen, um die Realisierung seines eigentlichen Werkes zu finanzieren. Dieser Solitär hat bis heute kaum an Faszination eingebüßt und verdankt sich – auch sich selbst gegenüber – einer unerbittlichen Konsequenz.

III.

IGNATIUS, SEIN DENKEN und seine Spiritualität habe ich zuerst indirekt durch Menschen kennengelernt, die Angehörige seines Ordens der Jesuiten waren oder sich diesem zumindest eng verbunden fühlten. Ich bin in Offenbach am Main in eine kinderreiche Familie geboren und in einem bücherarmen Haushalt aufgewachsen – war also so etwas wie ein geistig-geistlich Spätberufener.

An der Nahtstelle der sich in herzlicher Abneigung verbundenen Städte Offenbach und Frankfurt, in Oberrad, liegt die Philosophisch-Theologische Hochschule St. Georgen (das ist übrigens auch jener Ortsteil von Frankfurt, in dem bis zu seiner Emigration 1934 Theodor W. Adorno wohnte). Nach meinem Abitur habe ich an der Goethe-Universität in Frankfurt zunächst Philosophie, Geschichte und Kunstgeschichte inskribiert und, quasi auf dem Nachhauseweg mit der Straßenbahn, als Gasthörer auch Vorlesungen in St. Georgen besucht. Für meine weitere Entwicklung war prägend, dass ich Schüler zweier sehr unterschiedlicher »Frankfurter Schulen« wurde, von denen nur eine große Bekanntheit erlangt hat.

In St. Georgen traf ich u. a. auf den damals 93-jährigen Jesuitenpater Oswald von Nell-Breuning, der im Jahr 1931 als Berater von Papst Pius XI. maßgeblich an der Entstehung und Formulierung der Sozialenzyklika »Quadragesimo anno« beteiligt gewesen war. In den 1970er und 1980er Jahren galt Nell-Breuning als hochangesehener »Nestor der katholischen Soziallehre«. Regelmäßig wurde er, unabhängig von deren Parteizugehörigkeit, von hochrangigen Politikern wie Helmut Schmidt und Helmut Kohl konsultiert.

In seiner Vorlesung sprach er (das ist bald 40 Jahre her!) über die Verkürzung der Wochenarbeitszeit – ein Thema, das heute hochaktuell ist, damals aber weithin auf Unverständnis stieß. Sehr präsent ist mir, wie P. Nell-Breuning den Raum betrat, vor den vielleicht 20 Studierenden Platz nahm und mit geschlossenen Augen und leicht vorgebeugtem Körper zu seinem Monolog ansetzte, von dessen Inhalten ich als Alumne nur Bruchstücke verstand. Dennoch nahm ich am Ende des Semesters all meinen Mut zusammen und fragte, ob ich ihn für die Lokalzeitung »Offenbach Post«, bei der ich damals hospitierte, interviewen dürfe. Er stimmte zu, im vollen Bewusstsein, wen er da (nicht) vor sich hatte, und ich folgte erstmals einem Instinkt im Geiste von Ignatius – ohne zu wissen, dass ich es tat. Im Interview selbst vermittelte mir Nell-Breuning erstmals die Bedeutung jener beiden Säulen, auf denen die katholische Soziallehre bis heute ruht: Solidarität und Subsidiarität. Ein unvergessliches Privatissimum.

Die Begegnung mit weiteren »Stellvertretern« von Ignatius folgten. Ein Freund und Schulkollege von mir trat ins Noviziat ein und ich verfolgte seinen weiteren Werdegang als Ordensmann und Wissenschaftler mit großem Interesse. Mir gefiel die Ernsthaftigkeit und gleichzeitig das Unangepasste jener Jesuiten, auf die ich in diesen und den folgenden Jahren traf. Alle hatten eine ausgeprägte Individualität und gleichzeitig das Ausgerichtetsein auf ein höheres Ziel, das sich mir nicht immer erschloss. Den Ordensgründer nahm ich dabei die längste Zeit nicht wahr – weder als Person noch mit seiner Spiritualität. Die ersten ignatianischen Exerzitien, die ich während meines Studiums absolvierte, berührten mein Inneres kaum. Ich war noch nicht bereit dafür.

IV.

DER NAME WALTER BENJAMINS begegnete mir erstmals nicht in Frankfurt, sondern in Wien, wo ich ab Mitte der 1980er Jahre studierte. Bei Herta Nagl-Docekal hörte ich die Vorlesung »Das kritische Potenzial der Geschichte«. Prüfungsstoff war das Suhrkamp-Taschenbuch »Illuminationen« mit gesammelten Aufsätzen von Walter Benjamin. Hier wurde ich mit dem Benjamin-Virus infiziert, der mich nicht mehr verlassen hat.

Besonders der letzte große Text Benjamins, seine Thesen »Über den Begriff der Geschichte«, haben es mir seither angetan. Unzählige Male habe ich ihn gelesen und bin eingetaucht in die Magie einer Sprache, die sich nicht ausinterpretieren lässt und immer neue Anknüpfungspunkte für Assoziationen sowie unverbrauchtes Denken schafft. Die existenzielle Dimension wird unterstrichen durch die schwierigen äußeren und psychischen Bedingungen, unter denen diese »letzten Worte« Benjamins entstanden. Ein Geheimnis ist, dass der Autor mit seinen Reflexionen noch nicht an einem Punkt angelangt war, wo er bereit gewesen wäre, sie zu veröffentlichen. Was überliefert ist und bleibt, ist der unverwechselbare Benjamin'sche Sprachstil, in dessen Lücken und Nischen sich andere Gedanken einnisten können.

Wie unnachahmlich und zugleich anregend Benjamin schrieb, hat der Literaturwissenschaftler Peter Szondi einmal so auf den Punkt gebracht: »Benjamins Zeitform ist nicht das Perfekt, sondern das Futurum der Vergangenheit in seiner ganzen Paradoxie: Zukunft und doch Vergangenheit zu sein.« Und Benjamins Freundfeind Adorno hat festgestellt, dass Benjamins Philosophie nicht in Form eines Systems, sondern als freischwebender Entwurf existiert – also ein Denken, über das man nicht abschließend urteilen muss, sondern das man aufnehmen und weitertreiben darf.

V.

IGNATIUS V. LOYOLA UND WALTER BENJAMIN sind für mich – auf je eigene Weise – Charismatiker der Geistesgegenwart und geben mir als solche immer wieder Orientierung. Auch und vor allem in Krisenzeiten. Während Ignatius für die Ordnung, das geordnete Leben steht (der unverdächtige Zeuge Roland Barthes sprach von »Kombinatorik«), ist es bei Walter Benjamin der offene Horizont seines Denkens und Schreibens, der mich dauerhaft fasziniert. Ignatius ist Mystiker, Benjamin Melancholiker, und beides waren Menschen, die ihre ganze Existenz für ihre Überzeugungen einsetzten – gegen jeden Schmerz, jedes Unverständnis, jeden Widerstand. Das mag so etwas wie ein »heroisches Ideal« sein, das von der jeweiligen Nachwirkung beglaubigt wird. Immerhin erlangte der eine nicht einmal 100 Jahre nach seinem Tod den Status eines Heiligen der römisch-katholischen Kirche, der andere galt schnell und bis heute als Säulenheiliger des unangepassten kritischen Denkens.

Die intellektuellen Pole, die diese beiden Persönlichkeiten repräsentieren, prägen mein persönliches und berufliches Leben. In Letzterem sind Managementskills genauso gefragt wie eine möglichst nie versiegende Kreativität. Für beides sind Ignatius und Benjamin Gewährsmänner und Korrektive, vor allem dann, wenn ich gefährdet bin, vom Weg abzukommen oder anzustehen.

Wie schon viele andere vor mir durfte ich erkennen, welche Hilfestellungen die »Grundworte ignatianischer Spiritualität« einer Führungskraft im Berufsalltag geben können. Während des Corona-Ausnahmezustands in den vergangenen Monaten waren es vor allem zwei Formulierungen von Ignatius, die mir besonders wichtig wurden. »Pour quoy non« (Warum nicht) – der Wappenspruch, der in der Schlosskapelle von Loyola unter dem

Gemälde der Verkündigung Mariens angebracht ist – sowie seine Bemerkung aus dem Exerzitienbuch, wonach man die Bereitschaft haben solle, »die Aussage des Nächsten (eher) für glaubwürdig zu halten als sie zu verurteilen«.

Wenn man einander nicht gegenübersitzen kann, sondern ausschließlich auf digitale Kommunikationsmittel angewiesen ist, passiert es noch viel eher als sonst, die andere und den anderen viel rascher zu verstehen, als es gut ist (und damit womöglich gar nicht). Ignatius plädiert für einen »Primat des Hörens«, denn nur wer hört, kann auch wirklich antworten. Noch klarer wird dieses Vorgehen, das nie unter Termin- und Zeitdruck gelingt, wenn man es in den ausführlichen Dreischritt Hören – Unterscheiden – Antworten einordnet. Nimmt man vor diesem Hintergrund das »Warum nicht« dazu, bewahrt das vor vorschnellen Entscheidungen und stößt die Tür auf für neue Optionen, die insbesondere in Krisenzeiten wegweisend sein können.

Beides spielt auch mit dem Blick auf meinen »Kreativitäts-Pol« eine Rolle. Wie oft erkläre ich potenziellen Autorinnen und Autoren, warum ihre Vorhaben für uns nicht infrage kommen. Diese Entschiedenheit ist wichtig, damit nicht zu viel Energie verpufft. Gleichzeitig muss es den Widerhaken des »Warum nicht« geben und ein genaues Hinhören (= Lesen), um Substanzielles oder gar »Rohdiamanten« nicht zu übersehen.

Es gibt einen grundlegenden Ansatz, der Ignatius und Benjamin über die vielen Unterschiede hinaus, die hier nicht eingeebnet werden sollen, verbindet: die Dialektik des Denkens. In seinem Werk »Einbahnstraße«

notiert Benjamin den Aphorismus (eine für ihn typische Form): »Das Werk ist die Totenmaske der Konzeption«, und bringt damit die Klage zum Ausdruck, dass die Fülle der Möglichkeiten nun in bloß einem Ergebnis verendet. Ignatius wiederum singt ein Loblied auf die »Indifferenz«: »... halte deinen Geist innerlich so frei, dass du auch stets das Gegenteil tun könntest«. Eine freie Übertragung des Kürzels SJ (Societas Jesu) lautet bezeichnenderweise »System Je-nachdem«. Da ist sie wieder, die »Kunst der Unterscheidung«. Das klingt nicht nur anstrengend, sondern ist es auch. Und doch ist diese Anstrengung notwendiger denn je.

Denn angesichts der vielen Dogmatiker und Ideologen (m/w/d), die uns gegenwärtig die Welt erklären und mit Geboten und Verboten zuschildern, ist es sprachlich, kulturell, gesellschaftlich und nicht zuletzt politisch vonnöten, dass Sehnsüchte und Erwartungen nicht auf Superhelden aller Geschlechter und jeder Couleur projiziert, sondern durch die Mühen der Selbstreflexion, Ausdifferenzierung und Auseinandersetzung der Argumente geschickt werden.

Literatur:

Ulrich Bröckling / Dieter Thomä: Warum Helden? Ein Disput in Briefen, in: Neue Rundschau 132/2021, Heft 1, 7–27

Willi Lambert: Aus Liebe zur Wirklichkeit. Grundworte ignatianischer Spiritualität, 9. Aufl., Kevelaer 2012

Walter Benjamin: Über den Begriff der Geschichte. Herausgegeben von Gérard Raulet (= Walter Benjamin. Werke und Nachlass. Kritische Gesamtausgabe, Bd. 19), Berlin 2010

Hubert Patterer
Mein Vater, ein ziemlicher Held

WIE IST DAS, *wenn einen die Pandemie in eine doppelte Isolation stößt? Wenn man allein lebt und sich im Alleinleben
auch noch einschließen muss? Der Vater des Autors, der im
südlichsten Tal dem Neunziger entgegenblickt, hat sich nicht
brechen lassen und heldisch am Leben festgehalten. Wie, das
hat sein Sohn, Chefredakteur der »Kleinen Zeitung«, in der
»Morgenpost«, dem täglichen Newsletter des Blattes, aufgezeichnet. Hier Splitter daraus.*

17. MÄRZ 2020, ERSTER LOCKDOWN

Die geräuschlose Stadt wie sonst nur auf dem Heimweg
von der Christmette. Das Wort, das in den Gesprächen
am häufigsten fällt: surreal. In der nahen Umgebung ist
plötzlich das Hämmern eines Spechts zu hören. Die
Stadt und ihr Rauschen werden ihn später wieder ver-
schlucken. Das Einzige, das die Stille durchbricht, ist die
Straßenbahn, die ohne Passagiere über die Schienen rat-

tert. Ab und zu huschen Pizzaboten auf Fahrrädern mit bunten Boxen auf dem Rücken durch die Straßen. Auf den Busparkplätzen hocken die Lenker in ihren abgeschirmten Fahrerkabinen und warten auf niemanden mehr. Auf dem Gehsteig müht sich eine alte Frau mit einer Packung Toilettenpapier in der Hand. Man sollte stehen bleiben. Die Zeitung hat von einem Tag auf den anderen keine Veranstaltungs-Seite mehr und keine Kino-Seite, dafür heißt die »Besser Leben«-Seite jetzt »Leben daheim« und bietet Tipps zur Körperertüchtigung auf Wohnzimmerteppichen. In den Blättern Norditaliens erscheinen auf zehn großformatigen Seiten bebilderte Todesnachrichten. Über eine Grazer Straßenbrücke haben Fans des SK Sturm Graz ein Transparent gespannt: »Vom Supermarkt bis zum Krankenhaus – was ihr gerade leistet, verdient Applaus! Danke!«.

Tags zuvor dem alleinlebenden Vater im benachbarten Bundesland ein vorgekochtes Essen gebracht, weil Sonntag war. Er lebt isoliert und wehrt sich, während des maskierten Besuchs abgeschnitten im Wohnzimmer bleiben zu müssen. Auflehnung gegen die Isolation in der Isolation, auch gegen ein Zuviel an Vorsicht und Sorge. Gutes, lautes Zureden durch das alte Mauerwerk hindurch, während das siedende Wasser unter den Zwetschgenknödeln dampft. Das blaue Fläschchen mit der abgefüllten Desinfektion bleibt da. Man reinigt beim Hinausgehen die Türschnallen wie beim schuldhaften Verlassen eines Tatorts. Gemeinsamer Spaziergang in der milden Frühlingssonne, der Vater geht mit dem Hörapparat ein paar Schritte voraus, der Sohn ruft ihm seitlich von hinten Trost zu: »Wie die Queen«.

11. APRIL 2020, KARSAMSTAG

Der Tag, der heute still daliegt, liegt für den alleinlebenden Vater still da, seit Krise ist. Zu Beginn von Corona hat er wenigstens leicht gebückt, aber noch immer erstaunlich aufrecht ins Dorf zum Adeg, zum Billa, zur Hausärztin und zum Friedhof gehen können. Das war seine Außenwelt, der Radius seiner Freiheit. Beim Adeg gab es ein vakuumiertes Stück Gailtaler Speck vom Bergbauern, bei der Hausärztin das Rezept für die Blutverdünnung und beim Billa mittags warmen Schweinsbraten für die Gemeindearbeiter, den hat er gern, er schmeckt halt anders als das Aufgetaute in der Tiefkühltruhe von der abgetrennten, fernen Familie. Am Friedhof hielt er bis zuletzt jeden zweiten Tag Nachschau. Er bückte sich mit dem Restaugenlicht tief hinunter zur Laterne und zur Kerze, ob sie wohl noch brenne. Die Sonne durfte nur nicht tief stehen.

Seit zwei Wochen sind auch die Gehwege gekappt. Der Vater schaut Fernsehen, er will nicht ungut auffallen, früher nicht und jetzt schon gar nicht. Er weiß, er ist mit fast neunzig Mitglied der sogenannten Risikogruppe, das ist jener Schlag Mensch, der nach Ansicht der Verfechter der Herdenimmunisierung nur gründlich wegisoliert gehört, damit die Jungen und Produktiven leben können, für sich, das Hamsterrad und die krachende Volkswirtschaft, er versteht das gut.

Der Vater war auch produktiv. Er ist montags um halb fünf mit der Tupperbox der Mutter im beigen DKW zu entlegenen Baustellen gefahren und am Wochenende spät nachts heimgekommen, um von Freitag bis Sonntag zehn Jahre Haus zu bauen, Schulden gehörten sich nicht. Im Haus betrieb die Mutter unter der Woche eine Frühstückspension für Gäste, die man die Fremden nannte und mit den späten Jahren, ans Haus und Herz gewachsen, weniger wurden. Das Haus, in dem immer Leben war, war auf einmal zu mächtig und zu still. Nach dem Tod der Mutter lebt der Vater darin allein, so war das im Regieplan nicht vorgesehen. Im Winter zog er sich wie ein Höhlenbewohner in sein Wohnzimmer zurück, um nicht Strom zu vergeuden und nicht unnütz heizen zu müssen, der laute Tadel am Telefon war vergebens. Außerdem wolle er für Buttrio und das *Al parco* sparen, da wolle er mit den Enkelkindern, die selbst gemachte Osterpinzen mit Stoffmasken geschickt haben, im Sommer unbedingt noch einmal hin, im Sommer, wenn der Spuk vorüber sei.

Im Packerl war auch ein Fläschchen mit Weihwasser. Er möge einen kleinen Zweig abbrechen, ihn behutsam benetzen und drei angedeutete Kreuzzeichen über dem Fleisch machen, genauso wie der indische Pfarrer im Dorf. Der Bischof hat im Radio gesagt, das darf man. Zuvor möchte der Vater aber noch seine Steckzwiebeln im Garten pflanzen, wie es die Mutter immer zu der Zeit getan hat, der Schein sei abnehmend, am Gründonnerstag und Karfreitag habe sich das nicht geziemt, das seien die heiligen Tage, da arbeite man nicht in der Erde. Weil keine Kirche ist, wie man sagt, werden im Dorf am morgigen Ostersonntag erstmals keine Glocken läuten, eine verrückte Zeit sei das, sagt der Vater. Sogar im Krieg hätten die Glocken geläutet, sogar im Krieg sei Ostern gewesen. Noch nie hat der Vater Ostern mit einem Weihwasserfläschchen gefeiert, und noch nie allein.

24. JUNI, DIE KARTOFFELKÄFER

»Wenn sich das eine oder andere Jährchen noch ausginge, wäre das fesch«, pflegte der Vater zu sagen, als er mit etwas über 60 wohlverdient in Pension ging und an die Lebenskurven seiner Elterngeneration dachte. In ein paar Tagen wird er 88. Er hört und sieht sehr schlecht und kann die Käfer nicht mehr erkennen, die sich zu Hunderten über seine Erdäpfelpflanzen im Garten hermachen und die Blätter kahlfressen, bis nur mehr die nackten Stängel übrig bleiben. Es kommt ihm langsam die Welt abhanden, daraus leitet sich seine niedrige Pflegestufe ab. Davon abgesehen verteidigt er sein Autarksein, auch dort, wo er an Grenzen stößt. Nicht viele in seinem Alter erfahren die Gnade, es tun zu können und fallen zurück in die Abhängigkeit von Kindern. Das Späte ist das Frühe, das ist eine harte Reziprozität, für die Pflegenden ebenso wie für die, die der Pflege bedürfen.

Sie ist als eine der großen Unwägbarkeiten des Lebens hinzugekommen, neben den existenziellen Einschnitten wie Arbeitslosigkeit, Unglücksfällen oder schwerer Krankheit. Gegen diese Lebensrisiken sichert sich der Einzelne ab, es ist eher ein passives Tun und eine stille Übereinkunft als ein aktiver Willensakt: Vom Lohn fließt ohne Zutun ein Teil in den großen Solidartopf der Sozialversicherung. Jedem Vernunftbegabten ist klar, dass sich das mit der Alterung, den tabuisierten

Pensionsregelungen, den neuen, wunderbaren Lebenskurven und der Finanzierung der Pflege alles irgendwie nicht mehr ausgeht. Dass die ideologische Grundsatzfrage, was dem Einzelnen, der für die Wechselfälle des Lebens Vorsorge trägt, an Verantwortung zuzumuten ist und was dem Staat, am Beginn aller Finanzierungsvarianten stehen muss. Geschieht natürlich nicht. Schon gar nicht in Zeiten des Wahlkampfs. Deshalb wurde 2017 im kopflosen Spiel der freien Kräfte noch schnell der Pflegeregress, der mit der erwähnten Grundsatzfrage elementar zu tun hat, abgeschafft. Ohne auch nur im Geringsten eine Vorstellung davon zu vermitteln, wie die Pflege nachhaltig zu finanzieren sei.

»Die Pflege ist als eine der großen Unwägbarkeiten des Lebens hinzugekommen, neben den existenziellen Einschnitten wie Arbeitslosigkeit, Unglücksfällen oder schwerer Krankheit. «

Jetzt nehmen die Parteien wieder Anlauf. Man verspricht die geräuschlose Eingliederung der milliardenschweren Pflege in die so schon krachende Sozialversicherung, ohne dass die Bürger davon etwas spüren würden. Politik als Magie: Der Vater kennt die Versprechen und quittiert sie mit einer wegwerfenden Handbewegung. Er hat nie Mathematik studiert, aber die Grundrechnungsarten hat er noch immer drauf. Es macht ihn nicht unfroh, dass er nicht mehr alles hört, was an Schalmeien- und Sirenenklängen an sein Ohr dringt. Lieber jagt er die Kartoffelkäfer, die er nicht mehr sieht.

21. NOVEMBER 2020, DIE ZEITUNG

Die Zeitung hat Geburtstag. Sie ist heute 116 geworden. 1904, am 21. November, wurde sie gegründet. Sie war ohne Bild und ohne Farbe und kostete zwei Heller. Es gab Abonnenten in Triest, aber noch keine Regionalausgaben in Weiz oder Wolfsberg. Der alte Kaiser herrschte. Das Land war groß, brüchig, hatte ein Meer und schlafwandelte. Der erste Krieg war nur ein Jahrzehnt weit weg. Im zweiten war die Zeitung ein besetztes Naziblatt und hatte Karrieristen und Geradlinige, die im KZ landeten. „Natürlich gab es in der Redaktion auch den ideologieflexiblen, anpassungsfähigen Herrn Karl", schrieb Kurt Wimmer über die dunklen Jahre. Die Zeitung hat heute 235.000 Print-Abonnenten oder so. Sie ist die größte Nicht-Boulevard-Zeitung des Landes. Sie verliert knapp drei Prozent pro Jahr und steigert die Zahl der digitalen Abonnenten, derzeit etwas über 53.000, jährlich um dreißig Prozent. Sie ist mitten im Wechsel und Wandel. Der Vater hat seinen schon hinter sich. Er liest die Zeitung am Tablet, vergrößert die Schrift und lässt sich den Rest des Textes von einer fremden Computerstimme vorlesen, wenn das schwache Auge nicht mehr kann. Er darf nicht aus dem Haus, gilt in der Statistik als Verwundbarer, aber er hat eine klare Ahnung von der Welt, die er vorwiegend vom digitalen Lesen kennt. Er findet: Das Leben ist kompliziert, aber ziemlich großartig.

22. DEZEMBER 2020, VIERTER ADVENT

Am Sonntag den Senior besucht, damit der 88-Jährige in seiner Festung, die er tapfer hält, nicht allein die Kerze anzünden muss, er braucht nur eine. Wenn man im Morgengrauen aus Graz wegfährt, geht es sich schön aus. Die Sonne durchbrach gerade den Nebel im Tal, das noch immer ein prachtvolles Winterkleid anhat. Beim gemeinsamen Frühstück an den entgegengesetzten Enden des Tisches, an dem einmal viel Gedränge war, die Frage, wie das gewesen sei, die ersten Weihnachten nach dem Krieg, wir würden in der Zeitung gerade auf das Ereignis zurückschauen. Der Vater dreizehn.

Er beginnt die Erzählung im Jänner '45 mit einer kleinen Kapelle. Sie steht noch immer neben dem Elternhaus des Vaters, auf der Schattenseite des Tals, wo die Sonne im Winter tagsüber über den Kamm der Karnischen nicht mehr drüberkommt und man stark sein muss. Sein Vater habe das Dach des Marterls repariert und einige Schindeln ausgewechselt. Es sei eine klare Vollmondnacht gewesen, als »die Engländer«, wie er sagte, einen Angriff flogen. Das Ziel, nicht weit weg vom Elternhaus, getrennt durch die Gail, war ein Barackenwerk am Bahnhof, wo die Nazis im Schutz hoher Birken Kriegsgerät erneuerten. Die Piloten sahen etwas Leuchtendes, wie ein Blinken, wie es später hieß, womöglich ein Stützpunkt, und schlossen das Marterl mit den leuchtend neuen Schindeln in das Bombardement mit ein.

Vom Elternhaus blieb nicht mehr viel, aber wie durch ein Wunder hätten alle überlebt, auch er selbst, der Dreizehnjährige. Sein Vater hat ihn im Jahr davor, als im

Tal behinderte Kinder auf einmal nicht mehr da waren, auf einer Alm versteckt, damit er nicht zur Hitlerjugend musste. Eine Tür, die durch die Detonation aus den Angeln gehoben wurde und im schrägen Winkel auf sein Bett gefallen sei, habe ihn nicht im Nu erschlagen, sondern gegen die Sekunden später herabstürzende Decke geschützt. Wer die Tür geschickt habe, wisse er nicht. Alle im Dorf, die Spitzel wie die Bespitzelten, hätten mitgeholfen, das zerstörte Haus, aus dem sich die Familie nahezu unverletzt in die klirrend kalte Vollmondnacht befreien konnte, wiederaufgebaut.

Kurz vor Weihnachten sei das Bauernhaus notdürftig wiederhergestellt gewesen, vor allem der Kachelofen sei wieder beheizbar gewesen, um ihn herum habe man die ersten freien Weihnachten gefeiert. Ein Schwein sei geschlachtet worden, ohne die neuen Machthaber, die neben den alten lebten, um Erlaubnis fragen zu müssen wie früher, es habe geselchte Würstel mit Sauerkraut gegeben, den an Schnüren hängenden Speck in der Selchkammer habe man erst zu Ostern anschneiden dürfen, vorher niemals. Die Mutter habe drei Rosenkränze gebetet an jenem Weihnachtsabend, wohl eine Stunde lang, und alle anderen hätten auf Knien vor dem neuen alten Kamin mitgebetet. So sei das gewesen am 24. Dezember, als auch im südlichsten Tal der Krieg zu Ende war, wenn das »der Herr Redakteur« schon so genau wissen wolle.

20. JÄNNER 2021, VOM WARTEN

Der Vater, der noch ein gutes Jahr bis zum 90er hat, ist ein pflichtbewusster Staatsbürger. Er zahlt Rechnungen und Abgaben lange vor dem Auslaufen der Frist und ärgert sich mitunter, wenn die erwartete Rechnung einer Behörde unnötig lange ausbleibt. Er hat nie Schulden gemacht und will auch nie jemandem etwas schuldig bleiben, auch dem Staat nicht, er legt Wert auf ein korrektes Verhältnis zu ihm. Er zahlt seit seinem 16. Lebensjahr Steuern, hat dem Sozialsystem mehr gegeben als entnommen und ist nie einer Wahl ferngeblieben. Er hat immer mit Krawatte gewählt und immer die Mitte. Er ist Jahrgang '32 und weiß, was sie wert ist.

Jetzt, im hohen Alter, will er eine Kleinigkeit retour vom Staat, eine schnelle Impfung, die ihn aus der Isolation und tödlichen Gefahr befreit, nicht mehr. Er hat vor der Wissenschaft noch mehr Respekt als vor dem Staat, empfindet den Impfstoff als spektakuläre Errungenschaft und muss den Fernsehapparat abdrehen, wenn er die Bilder von den »Querdenkern« auf den Straßen sieht und ihre Banner, *Schluss mit der Diktatur, Freiheit für Österreich.* Er hat beides erlebt, als Kind die Diktatur und später die Freiheit, er erträgt vieles, aber die frivole Umkehrung der Begriffe erträgt er nicht mehr. Dann kann er für Momente zum Wutbürger werden, was er sonst nur wird, wenn Hans Hinterseer im Fernsehen unecht Weihnachtslieder singt.

Der Vater ist Phase eins, vermutlich eins Komma irgendwas, kein Heimbewohner zwar, aber ein auf sich achtender Höhlenbewohner und vulnerabel, ein Wort, das er zuvor noch nie gehört hat, ob man kein anderes dafür habe finden können. Gleich nach Neujahr ist er ins Dorf zur Hausärztin gegangen und wollte sich auf die Liste setzen lassen. Es gebe leider in der Praxis keine

Liste, beschied ihm die vertraute Assistentin, man sei selbst von allem abgeschnitten, er möge sich an die Gemeinde wenden, sie erfasse die Daten. Der Vater nahm die Lupe zur Hand, suchte die Nummer im Telefonbuch und hinterließ der Bediensteten im Gemeindeamt das Geburtsdatum, die Nummer der Sozialversicherung und die Telefonnummer. Leider sei das Gemeindeamt nicht die maßgebende Stelle, fügte die vertraute Stimme bedauernd hinzu, man könne nur die Daten an das Land weiterleiten. Von dort würden die Interessenten und Antragsteller einen Anruf bekommen, wann, ließe sich leider nicht sagen, man sei selbst abgeschnitten.

Das Land ist die Landesregierung, aber auch sie ist nicht die maßgebende Stelle, und jetzt war man schon mitten in einem Kafka-Roman, die maßgebende Stelle, hieß es, sei die Österreichische Gesundheitskasse, die ÖGK-Zweigstelle der Bezirksstadt sei für das Impfen zuständig und würde sich bestimmt melden. Das ist zwei Wochen her. Die Zweigstelle hat sich nicht gemeldet, wohl aber der korrekte Staatsbürger. Man könne, so die amtliche Auskunft, auch nicht sagen, wann man mit 88 an der Reihe sei. Das könne nur die Zentrale in Klagenfurt sagen, man sei jetzt bei den 98-Jährigen, der Vater müsse sich wohl noch eine Weile gedulden. Kein Brief in all den Wochen, auch kein Standardbrief mit eingesetztem Namen, keine Berücksichtigung auf einer Liste, auch kein vager Hinweis auf ein Zeitfenster, dafür sehr konkrete Hinweise, wie sich Dorfkaiser und deren Frauen in Heimen Restmengen an Impfstoff gesichert hätten. Zum ersten Mal hört man den loyalen Bürger am anderen Ende der Leitung mit seinem Staat lautstark hadern. »Ich soll jetzt also meinen Hörapparat aufsetzen und mich in den nächsten Wochen nicht vom Telefon wegbewegen, damit ich den Anruf nicht versäume? Was ist eigentlich los mit dem Land?«

Peter Pilz
Auf das Morgen hören mit David Bowie

MEINEN DAVID-BOWIE-MOMENT hatte ich mit 14 Jahren, als ich zum ersten Mal *Space Oddity* im Radio hörte. Das war anders. Ich kaufte mir daraufhin sofort meine erste David-Bowie-LP und kurz danach alle weiteren. Ich wurde zum Fan und bin es bis heute. Bowies Musik begleitet mich durch die Höhen und Tiefen des Lebens. Es gab und gibt unzählige Autofahrten, Laufrunden und Abende mit Bowie-Musik, seine Texte zu interpretieren ist nach wie vor spannend und ich hatte das Glück, ihn mehrere Male live zu erleben. David Bowie ist mein Held und seine einzigartige Musik inspiriert mich immer, mich ein Stück weit aus meiner Komfortzone zu wagen.

Erst nach seinem Tod habe ich begonnen, mich mit dem Menschen David Bowie auseinanderzusetzen und versucht zu ergründen, was es ist, das mich so begeistert. Natürlich die Musik, die Texte, die Stimme und das Gesamtkunstwerk. Aber meine Reaktion auf seinen Tod zeigte mir, dass da noch mehr war. Ich hatte das Gefühl, einen guten Freund und Ratgeber in unterschiedlichen Lebenslagen verloren zu haben.

Carlos Alomar, ein langjähriger Weggefährte und Freund Bowies, hat dieses Gefühl nach dessen Tod wunderbar in Worte gefasst: »Meine Gedanken gehen hinaus in die Welt, wie wir sie kannten. Um die Erinnerung an David Bowie zu beanspruchen, und an alles, was er für uns bedeutete. Wir wurden alle verändert in dem Moment, in dem wir ihn in unsere Leben ließen. Und alle zum Besseren. Seine Worte und Lehren werden weiterhin Jung und Alt anleiten, die irdischen Verstrickungen zu hinterfragen. Er hat es getan, und das sollten auch wir. Nun, die Achterbahnfahrt ist vorbei, und während wir aussteigen, schauen wir in die Augen des Schaffners – Bowie – und danken ihm für die berauschenden Ups und ernüchternden Downs, die unsere gemeinsame Zeit geprägt haben. Wenn alles gesagt und getan ist, ist es nicht das Ziel, das David Bowie kennzeichnet, sondern die Reise ... Danke, David, für die Fahrt ... Es war herrlich!«

Was hat mir David Bowie nun mitgegeben auf unserer gemeinsamen Achterbahnfahrt? Wie hat er mich beeinflusst und was können wir von ihm (für die Zukunft) lernen?

BEFREIE DICH VON DER EIGENEN WICHTIGKEIT, ABER BLEIB DIR TREU

Gary Oldman, der ebenfalls eng mit Bowie befreundet war, sagte anlässlich einer Laudatio im Rahmen einer Preisverleihung für dessen Lebenswerk 2016: »In seiner speziellen Art hat er jeden von uns gelehrt, sich selbst nicht so wichtig zu nehmen.« In einem Beitrag über Bowie konnte ich lesen, dass er ein eleganter Gentleman sowie ein freundlicher und zuvorkommender Mensch war. Er wusste immer über sein Standing und seinen Wert Bescheid, blieb sich über die Jahre treu und vermied künstlerische Kompromisse. Als er etwa in den 1980ern merkte, dass er zu sehr dem Mainstream verfallen war, nahm er sich aus dem Spiel und gründete die Band Tin Machine, um seine Midlife-Crisis zu überwinden, wie er einmal sagte. Treffend bemerkte er in einem Interview: »All my big mistakes are when I try to second-guess or please the audience. My work is always stronger when I get very selfish about it.«

Für mich heißt das, mir selbst, so gut es geht, sowohl im privaten wie im beruflichen Umfeld treu zu bleiben, bei wichtigen Fragestellungen möglichst keine Kompromisse einzugehen und selbstbewusst zum Erreichten zu stehen. Von David Bowie habe ich gelernt, dass die laufende Konfrontation mit der eigenen Person Selbsterkenntnis aus einer gewissen Distanz erlaubt. Bowie ist dafür oftmals in Rollen geschlüpft und hat diese immer wieder verändert, um gerade so distanziert zu sich selbst zu bleiben. Wenn man sich selbst gegenüber seinen Ängsten, seinen eigenen Interessen, der Gemeinschaft oder einer höheren Macht zurücknimmt, macht man sich von der Anmaßung der eigenen Wichtigkeit frei. Deswegen versuche ich mich auch laufend zu relativieren und anderen Menschen immer auf Augenhöhe zu begegnen. Demut, Dankbarkeit und Anstand sind dafür eine gute Basis.

In den seltenen Momenten, in denen Bowie darüber sprach, was Musik für ihn bedeutete, konnte man große Dankbarkeit, und auch Demut, spüren. Wie er es einmal ausdrückte: »Music has given me over 40 years of extraordinary experiences. I can't say that live's pains or more tragic episodes have been diminished because of it. But it's allowed me so many moments of companionship when I've been lonely and a sublime means of communication when I wanted to touch people. It's been both my doorway of perception and the house that I live in.«

HUMOR IST GUT, ABER BITTE IMMER MIT EINER PRISE SELBSTIRONIE

In seiner Laudatio sagte Gary Oldman auch, dass David Bowie ein lustiger Mensch war und viel gemeinsam gelacht wurde. Er würde gerade dieses Lachen vermissen.

Lachen hilft, vor allem sich selbst gegenüber, eine humorvolle Haltung einzunehmen. Ich habe einmal gelesen, dass ein Arbeitsklima ohne Humor lächerlich sei, und bin überzeugt, dass in erfolgreichen Unternehmen, glücklichen Familien und Beziehungen viel gelacht wird. Ein guter Witz passt (fast) immer. Ich finde zu ernste Besprechungen unerträglich und versuche immer eine humoristische Note einzubringen. Das Lachen darf jedoch nicht auf Kosten von anderen gehen.

Humor löst Spannungen, entdramatisiert schwierige Situationen und relativiert zumindest die kleinen Probleme des Alltags. In »Heroes« werden auch nicht die »heroischen« Helden besungen, sondern zwei Küssende an der Berliner Mauer mit ihren Alltagssorgen. Es heißt dort: » ... and we kissed, as though nothing could fall ... « Bowie hatte sich nach seinen Drogeneskapaden Mitte der 1970er nach Westberlin begeben, um seinen Suchtproblemen zu entkommen. Das hat auch eine gewisse humoristische Note und muss einem erst einmal einfallen. Und DIE Hymne »*Heroes*« handelt von Alltagsproblemen und Problemen der geteilten Stadt – gewollte Ironie?

David Bowie ging in den 1970ern sprichwörtlich durch die Hölle. In seinen Liedern aus dieser Zeit ist großer Kummer und viel Traurigkeit zu spüren. Für ihn war klar, dass es so nicht weitergehen konnte, und er musste dieser problematischen Situation entkommen. In *Word on a Wing* singt er deswegen: »In this age of grand illusion you walked into my life out of my dreams.« Bowie bezeichnete dieses Lied selbst einmal als Rettungsanker. Kurz darauf zog er mit seinem guten Freund Iggy Pop nach Westberlin. »Two naughty boys wanted to learn how to be good«, meinte er einmal ironisch. Humor ist wohl auch Helfer in schwierigen Lebenslagen.

In Berlin schuf Bowie drei seiner wichtigsten Alben (*Low,* »*Heroes*« und *Lodger* – die Berlin-Trilogie). Er hat sich mit Musik geheilt und meinte sinngemäß, dass hinter dem Schleier der Verzweiflung von *Low* in erster Linie Optimismus stehe. Er könne hören, wie er darum kämpfe, wieder zu Kräften zu kommen. *Low* enthält fast ausschließlich instrumentale Lieder. Das kam überraschend und war durchaus ironisch, da das Publikum Bowie, einen der größten Sänger seiner Zeit, vor allem singen hören wollte. Ein Instrumentalalbum war der am wenigsten zu erwartende Schritt – und Bowie tat ihn.

So setzte er mit dem Album einen Kontrapunkt und half sich selbst aus seiner Krise heraus. Trotz anfänglicher Irritation bei den Fans war *Low* schließlich auch im Verkauf ein Erfolg. Ich stelle für mich ebenfalls immer wieder fest, dass in schwierigen Situationen ein gut gesetzter Kontrapunkt hilft.

Bowie hatte den typisch trockenen britischen Humor und machte sich oft über sich selbst lustig. Als er etwa in den 1990er Jahren Premierminister Tony Blair traf, wollte er diesen schockieren, indem er mit einem Priesterkragen und in Stöckelschuhen erschien. Blair nahm jedoch keine Notiz von Bowies Outfit. Bowie kommentierte diesen gescheiterten Provokationsversuch später nüchtern: »At least I wear a pair of women's high heels when I meet our Prime Minister. I do my bit still.«

VERÄNDERUNGEN ZULASSEN

David Bowie war ein brillanter Ausreißer, jemand, der immer forschte, inspirierte und Grenzen beiseitestoßen wollte.

Bowie forderte sich und sein Publikum laufend und ruhte sich nie auf seinem Erfolg aus. Das ist eine für mich wichtige Lektion: Ich versuche ebenfalls, mich selbst, aber auch meine Familie, Freunde und Mitarbeiter, immer wieder aus der Komfortzone zu bringen, mich stetig weiterzuentwickeln und manchmal »out of the box« zu denken. Dabei kann Großes entstehen. Als David Bowie sein letztes Album *Blackstar* aufnahm, war er schon schwer krank. Er hatte einige Lieder komponiert und suchte sich für die Aufnahmen New Yorker

Jazz-Musiker aus. Er sagte ihnen: »Whatever you hear, I want you to go with it.« *Blackstar* wurde eines seiner schönsten, intensivsten, auch erfolgreichsten Alben. Er hat gefördert und gefordert und sich selbst zurückgenommen.

»It's terribly dangerous for an artist to fulfill other peoples' expectations. They produce their worst work when they do that. If you feel safe in the area that you're working in, you're not working in the right area. Always go a little further into the water than you feel capable being in. Go a little bit out of your depth, and when you don't feel that your feet are quite touching the bottom, you're just about in the right place to do something exciting«, erklärte David Bowie einmal seinen Zugang zu Kunst.

Mir hat einmal jemand gesagt, dass ich Veränderung, Bewegung und neuen Stil in Organisationen bringe, vielleicht nicht unbedingt radikal oder artifiziell, aber eben doch. Sobald das nicht mehr möglich ist, suche ich Veränderung. Ich habe mich beruflich öfters verändert, was nicht immer leicht war. Doch jedes Mal hat mich diese Veränderung weitergebracht.

Auch Bowies Leben war stete Veränderung. In *Changes* singt er: »Changes are taking the pace I'm going through.« Wir befinden uns in einer Hypererregungsgesellschaft und unterliegen extremen Veränderungen. Ich versuche, diese nicht nur zuzulassen, sondern auch emotional zu umarmen und ihnen mit Gelassenheit zu begegnen. Wir müssen uns jetzt alle aus unserer Komfortzone wagen, mutig sein und das Unausweichliche der Veränderung in unser Leben integrieren.

Vor schwierigen Entscheidungen höre ich nicht selten eines von Bowies Liedern. Ich kann dann immer ein Stück weit freier über das konkrete Problem nachdenken. Zum Beispiel, als vor etwa 15 Jahren die bisher wichtigste berufliche Entscheidung meiner Karriere anstand. Nach einem Gespräch mit einem guten Freund ging ich mit Bowie im Ohr laufen. Ich hörte *Life on Mars?*, ein Lied über mediale Parallelwelten. Nach der letzten Textzeile des Liedes, »… is there life on Mars?«, gibt es ein eindrucksvolles instrumentales Outro, das an den ersten Teil von Richard Strauss' Op. 30, *Also sprach Zarathustra*, erinnert. Es ist sehr kraftvoll, antreibend, entschlossen. Als ich es in diesem Moment hörte, dachte ich mir, dass Entscheidungen letztlich getroffen werden müssen und nicht hinausgeschoben werden dürfen. Das tat ich also. Und ich habe diese Entscheidung nie bereut.

SPIELRÄUME NUTZEN
UND AUF DAS MORGEN HÖREN

»Tomorrow belongs to those who can hear it coming.« – Diese visionäre Aussage David Bowies macht uns klar, dass in jeder Krise, eigentlich in jeder Situation, auch die Wurzel für ein neues Morgen liegt. Gerade in der jetzigen Krise müssen wir alle viel Neues lernen und uns Spielräume schaffen. Als Bowie erfuhr, dass er unheilbar krank war, führte dies bei ihm zu einem Kreativitätsschub. Er nutzte die ihm verbliebenen Möglichkeiten und schuf für sich somit Hoffnung und Zukunft. Es entstanden *Blackstar* und das Musical *Lazarus* – zwei Meisterwerke.

In schwierigen und vielleicht aussichtslosen Situationen versuche ich, so gut es geht, Spielräume zu erkennen, zu nutzen und mich weiterzuentwickeln. Es gibt immer Hoffnung. Es gibt immer Zukunft. Ich bin mir sicher, dass wir als Gesellschaft vieles schaffen können, wenn wir es wirklich wollen und bin diesbezüglich sehr optimistisch. Um die Zukunft erfolgreich zu gestalten, brauchen wir Zuversicht. So eine Zuversicht, wie David Bowie sie in seinen letzten Lebensmonaten hatte, lässt Dinge erhoffen und oftmals auch erschaffen. Gary Oldman sagte: »Er war immer positiv und ich habe nie gehört, dass er sich über seine Krankheit beklagt hätte.« Diese positive Perspektive gab Bowie bis zuletzt viel Kraft und Lebensfreude. Vier Wochen vor seinem Tod sprach er noch zuversichtlich von einem neuen Album.

Die Zukunft kann bei tödlichen Krankheiten auch sehr kurz sein, aber es gilt eben, die (verbleibenden) Möglichkeiten zu nutzen. Im Rahmen meiner Tätigkeit im Hospizverein spüre ich das sehr oft bei Gesprächen mit Ehrenamtlichen und Betroffenen. Und bei aller Trauer, die dem Thema innewohnt, ist sehr oft auch Freude und Zuversicht zu spüren.

»So I turn myself to face me«, singt Bowie in *Changes* und rät damit, uns mit uns selbst zu konfrontieren. Gerade in Krisenzeiten fällt diese Konfrontation (besonders mit den eigenen Unzulänglichkeiten) schwer. Aber darin liegen für mich die Chancen auf neue Perspektiven und persönliche Entwicklung.

In seinem letzten Video zum Song *Lazarus* tritt Bowie am Ende zurück in einen hölzernen, sargähnlichen Kleiderschrank. Als die letzten Akkorde verklingen, verschwindet Bowie in der Dunkelheit, indem er die Türe des Schranks zuzieht. Es war laut einem Artikel im Rolling Stone Magazine nicht seine Idee, aber als man sie ihm vorschlug, habe er verschmitzt gelacht und gemeint, das müsse man unbedingt so machen, damit sich alle Welt den Kopf darüber zerbreche. Da ist er wieder, dieser feine Humor.

ES IST ALLES GESAGT UND GETAN, und Bowie lässt uns am Ende der Reise mit folgenden Zeilen aus *I Can't Give Everything Away*, dem letzten Lied des Albums *Blackstar*, zurück: »Seeing more and feeling less, saying no but meaning yes, this is all I ever meant, that's the message that I sent.« Ich nehme das als Auftrag, immer alles zu hinterfragen, mein Bestes zu geben und mit Zuversicht in die Zukunft zu blicken.

Ich habe David Bowie vor fast vierzig Jahren in mein Leben gelassen. Er ist mir mit seinen Liedern nach wie vor treuer Ratgeber und er hat mich verändert. Zum Besseren.

»Something happened on the day he died ...«, heißt es in *Blackstar*.

Markus Schirmer

Rudolf Kehrer

Meine prägende Begegnung mit einer außergewöhnlichen Persönlichkeit

IRGENDWANN IN DEN FRÜHEN ACHTZIGERN, nach einem bejubelten Klavierabend meiner hochgeschätzten Kollegin Elisabeth Leonskaja im Grazer Musikverein, fand ich mich in ihrer Künstlergarderobe wieder, um ihr für das wunderbare Recital zu danken, aber auch, um ein sehr persönliches Gespräch mit ihr zu führen. Es ging um eine für mich damals essenzielle Frage: Bei wem sollte ich meine Klavierstudien fortsetzen? Der Entschluss, am Tschaikowsky-Konservatorium in Moskau zu studieren, war bereits weit gediehen, nur fehlten mir die wahrscheinlich wichtigsten Informationen: Welche Professorin, welcher Professor könnte meinen künstlerischen Weg wohl am besten und nachhaltigsten begleiten? Welche pädagogische und pianistische Persönlichkeit würde am idealsten passen, damit ich mein musikalisches Potenzial in vollem Umfang würde entfalten können? Brennende, den weiteren Lebensweg bestimmende Fragen also für einen jungen Menschen, die sich heute im digitalen Zeitalter mit seiner Fülle an weiterführenden Informationen freilich sehr rasch beantworten lassen könnten. Aber zu jener Zeit war es eben eine enorme Herausforderung und man musste jede sich nur bietende Option nutzen, um an diesbezügliche wertvolle Hinweise zu gelangen.

Mein Erstaunen war mehr als groß, als mir Elisabeth Leonskaja damals geradeheraus nur eine einzige Empfehlung gab: »Es gibt sicher viele Professor*innen am Konservatorium, aber gehen Sie zu Rudolf Kehrer. Er ist der Beste ...«

Rudolf Kehrer. Nie zuvor hatte ich diesen Namen gehört.

Ich fragte mich durch alle damaligen Kontakte unter meinen Musikerkolleg*innen durch und siehe da: Janna Polyzoides – ausgezeichnete Pianistin aus der bekannten griechischen Musikerfamilie und seit Jahrzehnten eine gute Freundin – wusste plötzlich zu erzählen, dass besagter Professor Rudolf Kehrer alljährlich im brennheißen Hochsommer auf Zypern einen Meisterkurs für junge Pianist*innen geben würde. Mein Ziel war in jenem Moment ganz klar: Diese Masterclass musste ich um jeden Preis besuchen.

Ich trommelte einige meiner damaligen Klassenkolleg*innen zusammen und gemeinsam brachen wir im August 1986 zur doch etwas entlegenen Mittelmeerinsel auf, um bei einem der, wie sich sehr bald herausstellen sollte, größten lebenden Klavierpädagogen Unterricht zu nehmen. Wir alle sollten nicht weniger als eine Legende treffen. Eine Legende mit einer außergewöhnlichen, faszinierenden Geschichte. Bei kochenden Tem-

peraturen spielten wir – ich erinnere mich noch gut –
teils in der Badehose all unsere Stücke von Chopin bis
Liszt und Mozart bis Rachmaninow vor dem großen
Rudolf Kehrer, der uns mit seinem wahrhaft einzigartigen, begeisternden Unterricht – dies war von der ersten
Stunde an augenscheinlich gewesen – alle nachhaltig
prägen sollte. Das Wesen der Phrasierung, das Achten
der Pausen in der Musik, der wohlüberlegte, struktu-
rierte Aufbau eines Werkes, die elegante Klangfindung –
all dies und so viel mehr waren die Eckpfeiler seiner
genialen Unterrichtseinheiten, die er uns mit spürbarer
Liebe, Geduld und Hingabe Tag für Tag erleben ließ. Zur
Mittagszeit saßen wir alle gemeinsam im schattigen
Garten der Musikschule von Limassol bei köstlichen
zypriotischen Meze und diskutierten begeistert über die
Musik, das Leben und alles, was damit zusammenhing.

Es ist ja gerade die eigene Lebenserfahrung, die einen
Menschen nachhaltig prägt. Professor Kehrers eigene
Geschichte ist so ungewöhnlich, so tragisch, so fesselnd,
dass man nicht umhin kann, sie zu erzählen. Er selbst
hatte uns Studierenden anfangs nur wenig über seine
Herkunft, seinen Werdegang, sein Leben berichtet. Doch
junge Menschen sind für gewöhnlich begierig, alles über
jemanden zu erfahren. Erst recht, wenn es sich um eine
so außergewöhnliche Persönlichkeit wie Rudolf Kehrer
handelt.

SEINE GESCHICHTE BEGINNT in Tiflis/Tbilisi, im fernen
Georgien in den kaukasischen Bergen, als er 1923 geboren wird. Er entstammt einer Familie deutschen Ursprungs, die in mehreren Generationen bekannte und

erfahrene Klavierbauer und Klavierstimmer hervorbringt. Schon früh lernt der kleine Rudolf, dass das Leben nicht bloß kindliche Freude, sondern mitunter auch harte Arbeit mit sich bringt. Er hilft seinem Vater beim Zerlegen, Reinigen und neuerlichen Zusammenbauen der Flügel und macht seine ersten Erfahrungen beim Stimmen der Instrumente. Die deutschen Einwohner fühlen sich im Tbilisi der damaligen Zeit sehr wohl. Man lebt Seite an Seite mit dem georgischen Volk, ohne die eigene Identität als Deutsche zu verleugnen. Die deutsche Gemeinde der Stadt bietet ihren Bürgern und Bürgerinnen eigene Schulen, beheimatet sogar eine eigene deutsche Kirche.

Alles hätte friedlich, idyllisch und geordnet bleiben können, doch langsam, fast unmerklich, beginnt es, politisch zu gären. Als Erstes wird die Kirche geschlossen. Auf der Straße herrscht zunehmend das Verbot, Deutsch zu sprechen und erste deutsche Bürgerinnen und Bürger werden verhaftet. Die Schikanen nehmen ihren Lauf.

Der junge Rudolf bekommt von all dem noch nicht sehr viel mit. Es ist einzig und allein die Musik, die zunehmend sein Interesse weckt. Von klein an hatte er sie im familiären Kreis gehört. Sein Vater spielt Geige und Klavier, seine Mutter pflegt ebenfalls das Klavierspiel, in der gesamten Familie wird häufig und mit Freude gesungen. Mit sechs Jahren beginnt er selbst Klavier zu spielen und lernt emsig Stück um Stück. Zu jener Zeit werden in den fünf größten russischen Städten, zu denen auch Tbilisi zählt, die begabtesten Kinder ausgewählt, welche Unterricht bei den honorigen Professor*innen der jeweiligen Hochschulen erhalten sollen.

Rudolf ist eines dieser Kinder. Und er lernt und lernt, saugt auf, was man ihm beibringt und begeistert sich immer mehr für teilweise schon äußerst komplexe Werke. Werke, die an Schwierigkeit weit über das hinausgehen, was er von seinen Lehrern vermittelt bekommt.

Als Rudolf Kehrer 16 Jahre alt ist, wird sein Vater urplötzlich von Ordnungsorganen abgeholt und grundlos in ein Arbeitslager geschickt, wo er ganze zehn Jahre bleiben soll, aber bereits nach vier Jahren Aufenthalt stirbt. Machthaber Josef Stalin entwickelt zu jener Zeit eine wahrhaft perfide Idee, die fortan eine ganze Bevölkerungsgruppe das Fürchten lehren wird: Er lässt einen Großteil der deutschstämmigen Bevölkerung verhaften, vornehmlich Männer, deportiert sie in Arbeitslager oder lässt sie auf der Stelle exekutieren. Ihr einziges Verbrechen: ihre Abstammung – sie sind Deutsche.

Auf diese tragische Weise verliert Rudolf einen Großteil seiner Familie, die allesamt – als vermeintliche Spione deklariert – zunächst unter mysteriösen Umständen verschwinden und später ums Leben kommen sollen. Seine Mutter, sein Bruder und er bleiben verschont und müssen sich notdürftig und unter widrigen Gegebenheiten durchs Leben schlagen. Als der Krieg 1941 in Russland beginnt, befiehlt Stalin, alle noch verbliebenen Deutschen zu sammeln. Diese werden gezwungen, in nur drei Tagen ihr Hab und Gut zusammenzupacken und dürfen letztlich doch nur die notwendigsten Dinge mit sich führen, alles andere wird vom Staat beschlagnahmt. Bauern müssen ihre Tiere zurücklassen, die orientierungslos auf den Straßen herumstreunen. Die Menschen werden in übel riechende Güterzüge ohne Sitzplätze gedrängt und zusammengepfercht. Die Reise in dunklen, stickigen und hygienisch katastrophal unzureichenden Zügen geht über Baku/Aserbaidschan, über das Kaspische Meer bis kurz vor Taschkent. Tag und Nacht weitgehend ohne Halt.

Nach einer unendlich scheinenden, höchst beschwerlichen Reise kommt der Zug in der südkasachischen Steppe an, einem Ödland ohne Häuser, Bäume, Grün. Rudolf Kehrer beschreibt es als das sprichwörtliche Nichts.

Die Menschen werden aus den Waggons geholt und warten in der Steppe, wo sie von kasachischen Bauern und ihren Fuhren wenig später eingesammelt und in ein kleines Dorf gebracht werden. Ein Dorf mit vielen leerstehenden Baracken, die vollkommen unbewohnbar geworden sind. Kein Wasser, kein Strom, keine Türen, keine Fenster, kein Ofen, nichts. Dort sollten sie nun für drei Wintermonate leben, ehe es in ein etwas größeres Dorf geht. Das einzige Glück sind die relativ angenehmen Temperaturen, die auch zu dieser Jahreszeit nie unter die Null-Grad-Grenze fallen, so kann man irgendwie überleben – im Gegensatz zu jenen Deutschen, die nach Nordkasachstan gebracht werden. In dortigen Gegenden erfrieren viele.

Rudolf Kehrer hat statt Lebensmitteln nur Klaviernoten mitgenommen. Er ist jetzt 18 Jahre alt und wird sie 13 lange Jahre nicht gebrauchen können. Zuvor hatte er bereits zwei Jahre studiert und war für ein Stipendium zum Studium beim großen Pädagogen Heinrich Neuhaus am Moskauer Konservatorium vorgesehen gewesen. Doch es kommt tragischerweise ganz anders.

Rudolf verdient sich als Lehrer, als Landarbeiter, später als Zahntechniker bei seinem Bruder, der als Zahnarzt tätig ist. Wenig später beginnt er ein Mathematik- und Physikstudium in Tschimkent, der damaligen Hauptstadt Südkasachstans, und wird nach dessen Abschluss als Schullehrer für diese Fächer eingestellt. Die Schülerinnen und Schüler lieben ihn und er liebt es, ihnen sein Wissen weiterzugeben.

DIE JAHRE VERGEHEN. Man schreibt mittlerweile das Jahr 1954. Das Volk hat vom Tod Josef Stalins erfahren und die Freude innerhalb der deutschen Gemeinden darüber ist beispiellos. Und in der Tat wird die Verbannung der Deutschen in diesem Jahr nach einer so langen Zeit der Entbehrungen zurückgenommen. Sie sind wieder weitgehend frei, können aber nicht mehr in ihre frühere Heimat zurück, da dort ja ihr gesamtes Hab und Gut längst beschlagnahmt und vernichtet worden war.

Rudolf Kehrer denkt ernsthaft darüber nach, seine Klavierstudien wieder aufzunehmen, freilich ist er zum damaligen Zeitpunkt bereits 31 Jahre alt. In einem staubigen Lager entdecken die Brüder Kehrer einen halb zerfallenen Flügel, sanieren ihn notdürftig und Rudolf beginnt, wieder zu üben. Sein Bruder bestärkt ihn, sich trotz seines bereits fortgeschrittenen Alters zur Aufnahmsprüfung am Taschkenter Konservatorium anzumelden. Rudolf tut dies, besteht, studiert drei Jahre lang mit großem Erfolg und absolviert das Konservatorium mit Auszeichnung. Sofort erhält er eine Einladung der Institution, ebendort als Klavierprofessor tätig zu werden.

Mit zähem Fleiß arbeitet er an seiner pianistischen Vervollkommnung und gibt neben seiner Lehrtätigkeit immer wieder kleinere Konzerte. Da erfährt er, dass der weithin renommierte Allunionswettbewerb 1961 nach 15 Jahren zum zweiten Mal ausgetragen wird. Die erste Edition hatte kein Geringerer als Swjatoslaw Richter für sich entschieden. Die Altersgrenze zur Teilnahme an dieser bedeutenden Ausscheidung liegt bei 30 Jahren, Rudolf ist zu jener Zeit allerdings bereits 38 Jahre alt. Das Fachkollegium in Taschkent weist in einem besonderen Gesuch an die Organisation des Wettbewerbs in Moskau auf die außergewöhnlichen Lebensumstände Rudolf Kehrers hin und erhält eine positive Rückmeldung. Man gestattet Kehrer, ungeachtet seines Alters, ausschließlich aufgrund seiner besonderen Qualifikation an diesem wichtigen Wettbewerb teilzunehmen.

Rudolf fährt nach Moskau und setzt sich Runde um Runde glanzvoll gegen alle Konkurrent*innen durch. Bis ihm schlußendlich der erste Preis zuerkannt wird – die höchste Auszeichnung für einen Künstler der damaligen Sowjetunion.

Nicht weniger als eine Anerkennung dafür, der Beste des gesamten riesigen Landes zu sein. Was für ein ungeheurer Erfolg. Was für eine Genugtuung für einen Menschen, den das Schicksal so unerbittlich gefordert hatte.

Rudolf hat seinen großen Erfolg noch kaum realisiert, als sich die berühmteste Universität der Sowjetunioun bei ihm meldet und ihn zum Gespräch bittet.

Das Moskauer Tschaikowsky-Konservatorium bietet Rudolf Kehrer umgehend eine Klavierprofessur an, die er dankbar annimmt. Nach einer glücklichen, hoffnungsvollen Jugend und den bittersten und bedrückendsten Jahren seines Lebens kann Rudolf Kehrer somit endlich wieder mit seiner über alles geliebten Musik Fuß fassen.

DIE POLITISCHEN VERHÄLTNISSE sind freilich alles andere als beglückend.

Rudolf Kehrer erlebt zwar einen gewaltigen Aufschwung seiner pianistischen Karriere – er gibt mittlerweile an die 60 Konzerte im Jahr. Aber alle Auftritte finden ausschließlich in den Ländern sozialistischer Regimes statt. Das Publikum im Westen hinter dem Eisernen Vorhang bleibt für ihn unerreichbar. »Auf tragische Weise um einen möglichen Welterfolg betrogen«, urteilt damals die bekannte Musikzeitschrift Fono Forum über Rudolf Kehrer, dessen geniale Schallplattenaufnahmen Kennern und Liebhabern von Klaviermusik allerdings auch im Westen zunehmend vertraut werden.

1990 erhält Rudolf Kehrer eine Einladung nach Wien, der Jury des bekannten Beethoven Klavierwettbewerbs anzugehören. Das freundliche Wesen und die außergewöhnliche fachliche Kompetenz Kehrers führen zu einer weiteren Einladung. Er wird gebeten, der Wiener Musikuniversität fortan als Gastprofessor anzugehören. Rudolf Kehrer ist mittlerweile 67 Jahre alt.

Ungefähr zu diesem Zeitpunkt hatte ich das übergroße Glück, diese herausragende Persönlichkeit kennenlernen zu dürfen. Eine Persönlichkeit, die mein Leben in künstlerischer wie in menschlicher Hinsicht nachhaltig geprägt hat. Seine unbedingte Liebe zur Musik, seine Ehrlichkeit und Aufrichtigkeit, letztlich seine Demut dem Leben gegenüber haben auf mich wohl auch zeit meines Lebens Einfluss auf meine eigene Haltung, meine eigenen Wertprinzipien gewonnen. Dafür bin ich Rudolf Kehrer, in dessen Moskauer Klasse ich ironischerweise letztlich nie studiert habe, ihn wohl aber auf etlichen Meisterkursen sowie in unzähligen Privatunterrichtsstunden erleben durfte, und der 2013 in Berlin verstorben ist, ewig dankbar.

»DER MENSCH IST EIN STÄUBCHEN *im Universum, aber seine Gefühle sind vielleicht größer als die gesamte Erde. Einen Menschen zu beleidigen, ist oft sehr grausam. Darum sollte man sich stets bemühen, so durchs Leben zu gehen, dass man seine Mitmenschen wertschätzt. Tue Gutes, und wenn Du es nicht recht kannst, tue nichts Schlechtes, das ist schon gut.*

Wir könnten freilich immer viel mehr tun und bewirken, aber oft sehen wir schlimmen Entwicklungen nur tatenlos zu und unternehmen nichts.

Vielleicht ist es die Musik, die einzig nichts Schlechtes bewirkt, die nur erzählen will von menschlichen Gefühlen, von guten und schlechten. Sie bringt uns eigentlich immer nur Gutes. Wenn ich ein Konzert spiele und sich Menschen mit glänzenden Augen bedanken, habe ich Gutes getan und nicht umsonst gelebt. Die Musik ist stets treu, wenn man ihr gegenüber treu ist.

Wenn man sie aufrichtig liebt, wird sie diese Liebe immer erwidern.«

(Rudolf Kehrer)

Mathilde Schwabeneder

Zu Besuch bei Mama Miti in Nairobi

DIE ERSTE BEGEGNUNG mit ihr war einseitig. Ich sah sie, wie wahrscheinlich Millionen andere Menschen auch, im Fernsehen. Strahlend, mit einem gewinnenden Lächeln und einem offenen Blick, betrat sie, in bodenlanges Orange gekleidet, samt traditionellem Stoffband im Haar, unter Fanfarenklängen die Bühne der Weltöffentlichkeit. Ein ungewöhnlicher Auftritt einer ungewöhnlichen Frau.

Es war der 10. Dezember 2004 und in Oslo wurde wie jedes Jahr der Friedensnobelpreis vergeben. Doch dieses Mal war die Zeremonie etwas ganz Besonderes. Denn mit Wangari Muta Maathai erhielt erstmals in der Geschichte eine Afrikanerin diese einzigartige und begehrte Auszeichnung. Die seit vielen Jahren tätige Umwelt- und Frauenrechtlerin »denkt global und handelt lokal«, hatte das Friedensnobelpreiskomitee in seiner Begründung geschrieben und den ganzheitlichen Ansatz der Naturwissenschafterin gewürdigt – ihren bedingungslosen

Einsatz für Umwelt, Demokratie und Menschenrechte: »Sie hat visionär gehandelt.« Bei der Verleihung unterstrich der Vorsitzende des Nobelpreiskomitees: »Frieden auf Erden hängt von unserer Fähigkeit ab, eine lebendige Umwelt zu bewahren.« Die Ehrung der energischen Kenianerin erfolgte im Beisein des norwegischen Königspaares. Dem Wunsch der neuen Preisträgerin folgend, sang der italienische Startenor Andrea Bocelli zu ihren Ehren Schuberts »Ave Maria«. Maathai wischte sich verstohlen eine Träne aus den Augen und sprach dann selbstbewusst und bestimmt über ihre Arbeit, ihre Herausforderungen, ihre Hoffnungen. »Ich weiß, dass dies hier eine Ermutigung für Menschen in ganz Afrika ist«. Mir war klar, diese Frau musste ich treffen.

Einige Monate später saß ich mit meinem Kameramann im Flugzeug nach Nairobi und gleich nach der Landung in einem Taxi. Das Interview mit Wangari Maathai war mein erster Termin in der kenianischen Hauptstadt. Wie immer vor derartigen Treffen, fragte ich mich, ob der Eindruck aus der Ferne der tatsächlichen Begegnung standhalten würde.

Bald darauf kamen wir, nach vielen Verkehrsstaus etwas übermüdet, aber dennoch pünktlich, an. »Professor verspätet sich etwas«, entschuldigte sich Wangari Maathais Sekretärin mit einem Blick auf die Uhr. Im Parlament werde gerade die Verfassungsreform diskutiert, fügte sie erklärend hinzu und seufzte angesichts des übervollen Terminkalenders ihrer Chefin, von allen nur »Professor« genannt. Seit zwei Jahren bekleidete die an vielen Fronten tätige Umweltaktivistin nun auch das Amt der Vize-Umweltministerin.

Als Wangari Maathai dann tatsächlich ihr Sekretariat im zwölften Stock eines Büroturms mitten in Nairobi betrat, war von Hektik jedoch keine Spur. Mein erster Gedanke: Sie ist, wie ich sie im Fernsehen wahrgenommen habe. Das Lachen, mit dem sie sich für die Wartezeit entschuldigte, war mitreißend, die Stimme tief und tragend, der Blick interessiert und neugierig. Ihre Kleidung auch an diesem Tag traditionell afrikanisch: Diesmal in Blau-Weiß.

Die 64-Jährige versprühte Energie, als hätte der Tag für sie eben erst begonnen. Sie freue sich besonders über Besuch aus Österreich, denn von dort, sagte sie, haben sie und ihre grüne Bewegung, das »Green Belt Movement«, immer Unterstützung bekommen. Auch in Zeiten der Verfolgung und der Verleumdung durch das frühere Regime, fügte sie erklärend hinzu, wissend, dass sie in ihrem eigenen Land von den einen gehasst und den anderen verehrt wurde. 1984 hatte sie bereits den Alternativen Nobelpreis verliehen bekommen und sich damit in bestimmten Kreisen viele Feinde gemacht.

»Der Friedensnobelpreis hat der Welt gezeigt, dass Umweltfragen ein wichtiger Faktor für den Frieden sind«, stieg sie sofort in unser Thema ein. »Wenn man die Kriege und bewaffneten Konflikte analysiert, dann geht es dabei meist um Rohstoffe! Wer hat Zugang zu den Rohstoffen? Wer wird ausgeschlossen sein? Darum geht es – das sind die Gründe für die meisten Kriege.« Das Problem einer gerechten Verteilung der Ressourcen sei daher untrennbar mit dem Einsatz für Demokratie und Menschenrechte verbunden. Eine Überzeugung, die sie fast wie ein Mantra immer und überall betonte.

OSTAFRIKAS ERSTE AKADEMIKERIN

Dieses gesellschaftspolitische Engagement war Wangari Maathai jedoch nicht in die Wiege gelegt. 1940 als zweites von sechs Kindern nicht weit vom mythenumwobenen Mount Kenya geboren, erlebt die junge Wangari noch das Joch der britischen Kolonialherrschaft. Der sogenannte Mau-Mau-Aufstand, Kenias Kampf um die Unabhängigkeit, fand auch in ihrer Heimatregion statt. Sie war gerade zwölf Jahre alt, als die Briten den Ausnahmezustand über die Kolonie verhängten und die Aufständischen in Internierungslagern zusammenpferchten. Hunderttausende Kikuyus wurden vertrieben und umgesiedelt, mehr als tausend öffentlich gehängt. Es war ein Krieg, der bis zu 100.000 Opfer gefordert haben soll und letztlich 1963 in die Unabhängigkeit Kenias führte.

Auch Wangaris Familie gehört dem Volk der Kikuyu an. Die Kikuyu gelten als freiheitsliebend und sehr traditionsverbunden. Gemäß den ethnisch bedingten Gepflogenheiten war Wangaris Vater, ein für damalige Zeiten relativ wohlhabender Kleinbauer, polygam. Er selbst konnte kaum lesen und schreiben, legte aber großen Wert auf die Ausbildung seiner Kinder. Seine kleine Tochter Wangari schickte er deshalb in eine Missionsschule. »Ich musste meine Mutter verlassen, als ich noch sehr klein war, und die Ordensfrauen wurden so etwas wie Ersatzmütter für mich. Viele Werte, die mein Leben bestimmen, wurden von ihnen angelegt«, erzählte Maathai. Auch dass die Musterschülerin später Naturwissenschaften studierte, verdanke sie »einer Lehrerin am

Gymnasium, einer katholischen Ordensfrau aus Irland«. Ein Stipendium des katholischen Bischofs von Nyeri brachte ihr sogar einen der heiß begehrten Studienplätze in den USA ein. Maathai wechselte so an das Mount St. Scholastica College in Kansas, einer Gründung deutscher Benediktinerinnen. Vier Jahre später inskribierte sie dank hervorragender Zeugnisse an der Universität von Pittsburgh und machte in Rekordzeit ihren Master. Anschließend setzte sie ihre Studien in Deutschland – in Gießen und München – fort und kehrte ins inzwischen unabhängige Kenia zurück. 1971 erwarb sie, inzwischen verheiratet und Mutter, als erste Frau Ostafrikas einen Doktortitel. Später sollte die Biologin und Professorin für veterinäre Anatomie Dekanin ihrer Fakultät werden.

Bei ihren Vorträgen griff Maathai immer wieder auf die biblische Schöpfungsgeschichte und den Garten Eden zurück – sie zitierte vor allem das Buch Genesis und das Buch Levitikus –, niemals ohne auf die damit verbundene Verantwortung der Menschen hinzuweisen.

FRAUENRECHTE – MENSCHENRECHTE

Die langen Jahre im Ausland hatten Maathai besonders für die Rechte der Frauen sensibilisiert. »Ich war entsetzt über die Behandlung der Frauen in meinem Land«, erklärte sie mir mit Nachdruck und erzählte über ihr Engagement im Nationalen Rat der Frauen in Kenia, einer ursprünglich eher elitären Vereinigung, der sie 1976 beitrat. Entscheidend für ihren Werdegang war aber das Jahr zuvor, in dem sie an der UN-Weltfrauenkonferenz in Mexiko teilnahm. Im Vorfeld hatte die damalige Universitätsdozentin mit Studentinnen und Bäuerinnen einen möglichen Themenkatalog erarbeitet. Dabei stellte sie zu ihrer eigenen Bestürzung fest, dass sie jeglichen Bezug zu den Frauen vom Land verloren hatte. »Deren Anliegen unterschieden sich deutlich von denen der Studentinnen und Akademikerinnen. Sie sprachen über die schwierige Beschaffung von Feuerholz, ihrer wichtigsten Energiequelle; sie sprachen über den Hunger, den ihre Kinder immer wieder litten; und sie sprachen über Geld, da sie ja kein Einkommen hatten.« Damals sei ihr schlagartig vieles klar geworden. »Ich erkannte, dass man in Kenia die Wälder gerodet und damit die Böden ruiniert hatte. Auch das klare Trinkwasser meiner Kindheit war inzwischen verschmutzt. Wir hatten also im Namen des Fortschritts die Umwelt schwer geschädigt. Das bedeutete: Am Ende dieses Prozesses würde eine Gesellschaft stehen, die ihre grundlegenden Bedürfnisse – wie sauberes Wasser, reine Luft, Ernährung und Unterkunft – gar nicht mehr gewährleisten kann.«

So wurde Maathai zur Identifikationsfigur der Frauenbewegung ihres Landes und zur Umweltaktivistin.

MUTTER DER BÄUME

1977 gründete Maathai die Graswurzelbewegung »Green Belt Movement«, eine NGO, deren Ziel die Wiederaufforstung des Landes ist, um so der Bodenerosion entgegenzuwirken. Ihr Lebenswerk, wie sie selbst immer wieder betonte. Für viele Kenianer wurde sie ab diesem

Zeitpunkt zur »Mama Miti«, zur Mutter der Bäume. »Die Bäume«, wurde sie, wenn sie landauf, landauf Informationsveranstaltungen organsierte, nie müde zu sagen, »liefern uns Baumaterial, sie geben Früchte und spenden Schatten. Der Baum ist ein perfektes Sinnbild dafür, wie man auf die Umwelt achten soll, damit die Umwelt auf einen achtet.«

Mehr als 30 Millionen Bäume waren vom Green Belt Movement bis zum Tag unseres Interviews gepflanzt worden. 2021 sind es mehr als 51 Millionen.

Die streitbare Universitätsprofessorin machte sich mit ihren Ideen aber nicht nur Freunde. Mit ihrem oft lautstarken Einsatz für eine gesunde Umwelt zeigte sie offene Wunden auf. Sie sprach aus, was Politik und Wirtschaft verschwiegen. Kenia hatte seit seiner Unabhängigkeit mehr als vier Fünftel seiner Wälder verloren. Und noch schlimmer: Der Staat selbst hatte das ungehinderte Roden und Niederbrennen gefördert und dadurch das äußerst sensible ökologische Gleichgewicht in Ostafrika zerstört. Es wurde rücksichtslos abgeholzt, ungeachtet dessen, dass nur weniger als zehn Prozent der Fläche Kenias für den landwirtschaftlichen Anbau geeignet sind. Regelmäßige Dürreperioden führten in der Folge im beliebten Tourismusland immer wieder zu Hungerkatastrophen. Das Green Belt Movement trägt mit seinen Ansätzen also auch zur Ernährungssicherheit bei.

Die Mängel in der Umweltpolitik waren für Maathai daher großteils eine Folge des ausbeuterischen, politischen Systems in Kenia. Sie hatte sich deshalb zum Ziel gesetzt, »den Menschen zu erklären, dass eine Regierung Verantwortung gegenüber Mensch und Umwelt habe.« Wangari Maathai und ihr Green Belt Movement beschränkten sich darum nicht auf das Pflanzen von Bäumen. Sie und ihre Helferinnen gingen in die Dörfer hinaus und sprachen von Umwelt- und Menschenrechten. Immer häufiger deckten sie und ihre Mitarbeiter und Mitarbeiterinnen aber auch Skandale auf. Fälle von Korruption und Landraub zum Beispiel, wie sie unter der langjährigen Diktatur von Daniel arap Moi an der Tagesordnung waren. Für diese Kampagnen wurde die streitbare Umweltschützerin mehrmals verhaftet, misshandelt und immer wieder diffamiert. Insgesamt zwölf Mal landete sie im Gefängnis. Mehrmals wurde sie krankenhausreif geprügelt. »Dass ich Bäume pflanzte, machte ihnen nichts aus. Dass ich den Menschen aber ihre Rechte beibringen wollte, dagegen stellten sie sich.«

Das Regime konnte aber nicht verhindern, dass sich Tausende Menschen dem Green Belt Movement anschlossen und aktiv an den Veränderungen teilnahmen. Der Kampf für die Bäume wurde zum Kampf gegen die eigene Angst und Hoffnungslosigkeit. Und damit zum Kampf für mehr Demokratie.

Über die Grenzen ihres Landes bekannt wurde Maathai 1989 durch ihren Einsatz für die Erhaltung des 13 Hektar großen Uhuru-Parks im Herzen Nairobis. Der Park, die einzig große Grünfläche der Millionenstadt, mit seinen ausladenden, von Seerosen bewachsenen Wasserflächen, sollte verbaut werden. Eine zehn Meter hohe Statue des Langzeitdiktators war als krönender Abschluss für das geplante Handels- und Geschäftszentrum gedacht. Auch dank ausländischer Unterstützung gewann Maathai den zweijährigen Kampf um die Erhaltung des Parks. Doch dieser Sieg hatte seinen Preis: Sie war nun endgültig zum Staatsfeind avanciert.

VON DER UMWELTAKTIVISTIN ZUR UMWELTMINISTERIN

Mit dem Ende des Moi-Regimes und der im Dezember 2002 demokratisch gewählten Regierung von Mwai Kibaki kam es letztlich zu einem friedlichen Machtwechsel. Für Wangari Maathai eine Zeit der Ernte: Sie wird stellvertretende Ministerin für Umweltfragen. Ihr Green Belt Movement, das zu diesem Zeitpunkt auf fünfunddreißig Jahre Erfahrung zurückblicken kann, ist seit Längerem eine panafrikanische Bewegung geworden.

» Frieden ist nicht nur die Abwesenheit von Krieg. Der Schutz der Umwelt ist zweifellos Teil jenes Ganzen, das uns zum Frieden führen kann. «

Wie viele Früchte ihre Arbeit getragen hat, davon konnte ich mich bei einem Besuch des GBM Learning Center im Stadtteil Lang'ata am Rande der Millionenstadt Nairobi selbst überzeugen. Nur wenige Kilometer vom weltbekannten Karen Blixen Museum mit seinem Jenseits-von-Afrika-Flair entfernt, kann man hier in eine ganz andere, fast paradiesische Welt eintauchen. Eine Art Schaugarten mit Lehrpfad, der unter anderem mit österreichischer Hilfe entstanden ist. Eine Gedenktafel erinnert an die Eröffnung durch Botschafter Franz Hörlberger, am 11. November 1996. Vor allem einheimische Pflanzen werden hier gezogen und den Besuchern gezeigt. Das idyllische Zentrum ist Ausbildungsstätte für mehrere afrikanische Länder und mit seinen Öko-Safaris Anlaufstelle für Interessierte aus der ganzen Welt.

Um ihren Ansatz wirklich zu verstehen, sagte Wangari Maathai, müsse ich jedoch eine der rund 6.000 Frauengruppen der Bewegung besuchen, und organisierte einen Termin in Muranga für mich. Als wir in dem kleinen Ort am Fuße des Mount Kenya ankamen, wurden wir von den Kleinbäuerinnen mit Tänzen und Gesängen begrüßt. Mit Liedern, die den hohen, traditionellen Stellenwert des Baumes in der heimischen Kultur preisen. Ein Friedenssymbol, das nun auch für nachhaltige Bewirtschaftung stehe. Mit Stolz zeigten mir die Frauen ihre eigene Baumschule und erklärten mir die Vorteile eines ökologisch korrekten Anbaus von Pflanzen. »Wenn die Böden zu trocken sind und die Ernten nicht reichen, verwenden wir das Saatgut, um unseren Hunger zu stillen. Ein tödlicher Kreislauf«, erklärte mir eine Bäuerin. Außerdem lernten sie die Verwendung natürlicher anstatt extrem schädlicher, künstlicher Dünger. Die Ernten seien nun so ertragreich, dass sie Obst und Gemüse am Markt verkaufen könnten. Und für jeden gepflanzten Baum bekommen sie etwas Geld, das sie bitter nötig haben. »Nicht nur die Böden profitieren, weil sie nicht mehr verteppen. Auch wir selbst ziehen daraus Profit.« Erstmals konnten sie selbst monatlich ein kleines Einkommen erzielen.

Niemals aufgeben, das war eine der Lektionen, die Maathai ihren Mitstreiterinnen immer wieder mitgegeben hat. »Wenn Du etwas anfängst, musst Du es auch zu Ende führen«, zitierten sie die Frauen mit Begeisterung. Und auch ich habe in vielen Situationen an ihren Mut und ihre Begeisterungsfähigkeit gedacht. An ihre Gabe, naturwissenschaftliche Ratio mit Ethik und Emotion in Einklang zu bringen. Und an ihren unerschütterlichen Optimismus, den sie trotz vieler Rück- und Tiefschläge nie verloren hat.

2011 ist Wangari Maathai nach langen Jahren der Erkrankung ihrem Krebsleiden erlegen. Von Papst Franziskus' Enzyklika »Laudato si'«, welche dieser im Jahr 2015 veröffentlichte, hat sie nichts mehr wissen können – doch die Verbindung von ökologischen und sozialen Fragen, welche dieser darin aufzeigt, hätte ganz sicher ihre volle Zustimmung bekommen. Selbes gilt für die 2018 entstandene Bewegung Fridays for Future. Ich bin mir sicher, dass sie beides mit Applaus und dem für sie so typischen strahlenden Lächeln unterstützt hätte.

»Frieden«, hatte sie mir zum Abschluss meines Besuches mitgegeben, »ist nicht nur die Abwesenheit von Krieg. Der Schutz der Umwelt ist zweifellos Teil jenes Ganzen, das uns zum Frieden führen kann.«

Klaus Schwertner

Mit Herbert Grönemeyer »Ein Stück vom Himmel« hier auf Erden

ICH WEISS NICHT MEHR, wie oft ich ihn an wie vielen Orten live erlebt habe, doch diese Konzerte waren jedes wie *Sekundenglück*[1]. Wenn er unverständlich greint und sich mit einem Lächeln grotesk über die Bühne bewegt. Wenn er am Klavier sitzt, in sich gekehrt und sich nuschelnd um uns dreht. Wenn er die Worte unverständlich in die Länge zieht und mit der immer gleichen Combo den immer selben *Mambo* spielt. In solchen Augenblicken weiß man, nicht *Männer* im Allgemeinen, sondern allenfalls einer von ihnen ist unersetzlich: Herbert Arthur Wiglev Clamor Grönemeyer.

Sein Tanzstil? Von Kritikern oft verspottet, vom Publikum geliebt. Der Mann hat mehr als dreizehn Millionen Platten verkauft. Er selbst beschrieb seinen Tanzstil angeblich einmal als »tierisch schön«. Wenn Herbert singt, kann man sich mit dieser Welt auf eine beruhi-

---

[1] *Kursiv stehen Songtitel von Herbert Grönemeyer. Wer seine Lieder kennt, wird im Text auch einige Paraphrasierungen und indirekte Zitate finden.*

gende, unverdächtige und gleichzeitig euphorisierende Art eins fühlen. »Es sind die einzigartigen, tausendstel Momente. Das ist, was man Sekundenglück nennt.« Niemand außer ihm kann Gummibärchen so hoch in die Höhe werfen und sie dann mit dem Mund zielsicher wieder auffangen. Nur bei ihm sind Armeen aus Gummibärchen, Panzer aus Marzipan und das Happel-Stadion liegt – wie ich selbst damals auf meinem ersten großen Live-Konzert als Teenager im Jahr 1991 erleben durfte – für die Dauer eines seiner Konzerte nicht in Wien, sondern in *Bochum*. Es war *Luxus* und jedenfalls ganz *tief im Westen*.

Grönemeyer ist einer der wenigen Künstler deutscher Sprache, um den sich Zehntausende Fans versammeln können wie um ein Lagerfeuer. Seine Lieder riechen nicht nach *Land unter*, sie machen Mut, geben – manchmal pastorenhaft – Richtung und Hoffnung. Sie beschreiben die kleinen Momente und das große Glück. Sie handeln von der Liebe und den Umwegen im Leben. Grönemeyer beschreibt die Siege und die Niederlagen – auch die eigenen. Und auch wenn viele seiner Lieder politisch sind, so verurteilt er nicht. Für ihn ist es Aufgabe von Kultur und Kulturschaffenden Stellung zu beziehen, er selbst ist dafür bekannt, dass er seine politische Meinung auch nach außen trägt – wenn es um die Folgen der Corona-Krise geht oder um sein Engagement für geflüchtete Menschen und gegen Hunger und Armut in der Welt.

Grönemeyer richtet seine Zuhörer auf und bestärkt sie. Fakt ist: Er gibt den Menschen, zumindest jenen, die seine Musik mögen, eine Stimme. Und vielleicht ist es das, was ihn für mich schon früh zu einem meiner persönlichen Helden gemacht hat. Ein Fixstern, an dem ich mich in meiner Jugend, aber in Wahrheit bis heute immer wieder gerne ausrichte – um Mut zu fassen, um zu feiern, laut mitzusingen, um nachzudenken, loszulassen oder einfach einmal abzuschalten. Auch nach all den Jahren. Wenn Bruce Springsteen der »Boss« der USA ist, dann ist Gröne sein Gegenüber im deutschen Sprachraum.

ALS ICH GEFRAGT WURDE, ob ich einen Beitrag für dieses Buch schreiben wolle, zögerte ich dennoch. Über Helden zu schreiben, ist mir im Grunde ein wenig suspekt. Denn in meiner Arbeit als Verantwortlicher einer Hilfsorganisation habe ich oft die Erfahrung gemacht, dass die eigentlichen Heldinnen und Helden selten die sind, die auf irgendwelchen Bühnen stehen. Meist sind es Menschen, die abseits des Scheinwerferlichts im Einsatz, und im Stillen für andere da sind. Das hat uns ja zuletzt auch die Pandemie wie durch ein Brennglas vor Augen geführt. Wir feierten plötzlich Supermarktkassiererinnen als Heldinnen. Pflegekräfte. Ärztinnen und Ärzte. Kindergartenpädagoginnen und Virologen. Vielfach speziell Frauen. Galten vor der Corona-Krise etwa Banken noch als systemrelevant, so wurde spätestens während der Krise klar: Systemrelevant sind auch andere – vor allem jene Berufsgruppen, die im Nicht-Krisenmodus kaum Beachtung finden und gerne übersehen werden. Der Begriff des Helden bzw. der Heldin ist also ein sehr volatiler Begriff, oder mit klassischen Klischees aus Kindheitstagen oder Hollywoodfilmen verbunden.

Die Vorstellung einer Heldin oder eines Helden kann uns darüber hinaus sogar im Wege stehen. Weil Helden immer auch Projektionsflächen sind, die sich dazu eignen können, die eigene Verantwortung zu delegieren, das eigene Licht unter den Scheffel zu stellen (wobei es sich um kein Grönemeyer-, sondern um ein indirektes Zitat aus der Bergpredigt handelt). Wir verlassen uns vielleicht zu selten auf uns selbst und zu oft darauf, von einem Helden, dem Erlöser, gerettet zu werden. Gerade in turbulenten Zeiten wie diesen, in denen auf die eine Krise bereits die nächste folgt, kann die Versuchung, die von vermeintlichen Heldinnen und Helden ausgeht, groß sein. Das Comeback der »starken Männer« in der Politik ist auch Ausdruck dieser Ohnmacht. Was kann ich, was kann der Einzelne schon ausrichten im Angesicht der Klimakrise und der Pandemie, angesichts wachsender Ungleichheit und sozialer Ungerechtigkeiten?

Die Erfahrung als Verantwortlicher der Caritas hat mich gelehrt: Sehr viel! Weil Hoffnung – mit Herbert Grönemeyer gesungen – als Gegengewicht trägt, weil es auf jede und jeden Einzelnen ankommt und Veränderung oft im Kleinen beginnt, mit einem ersten Schritt. In diesem Punkt ähneln sich die Hilfsorganisation, für die ich tätig sein darf, und Herbert Grönemeyer: Beide – der Sänger und die Caritas – sind Ermutigung. Es ist die Ermutigung, sich nicht vor dem angeblichen Ende zu fürchten, sondern stattdessen lieber Teil von etwas Neuem, Teil einer positiven Veränderung zu sein – hier und jetzt. *Geh voran, bleibt alles anders.* Aus Sicht von Grönemeyer sind dafür zwei Faktoren wesentlich; erstens: Dass wir wieder miteinander sprechen. Und zweitens: Dass wir uns klar positionieren. In einem Interview benennt er das sehr deutlich: »Beim Stammtisch, im Garten, wenn man launig zusammensitzt und irgendein Freund oder Bekannter denkt, die Gelegenheit ist günstig für chauvinistische oder rassistische Sprüche, dass man auch das Stehvermögen hat und sagt: Das wollen wir nicht, das ist auch nicht witzig. Jeder Einzelne ist für das Klima verantwortlich.«

Die Menschen, denen wir in unseren Beratungsstellen und Häusern Hilfe zur Selbsthilfe anbieten, aber auch die vielen Freiwilligen, die unsere Arbeit an so vielen Orten mittragen, haben mir letztlich die Augen geöffnet: Der Erlöser wird nicht kommen. Die Erlöser sind wir selbst. Wir selbst sind Teil des Problems – mit all unseren Schwächen, mit unseren Ängsten, den Bequemlichkeiten und Gewohnheiten! Wir können aber eben auch Teil der Lösung sein. Allein während der ersten Wochen der Coronakrise meldeten sich Tausende neue Freiwillige bei der Caritas. Nachbarinnen und Nachbarn gingen füreinander einkaufen. Kinder schrieben Briefe an alte, einsame Menschen, selbst dann, wenn es nicht die eigenen Großeltern waren. Die überwiegende Mehrheit ging diszipliniert durch diese Zeit. Wir haben Abstand gehalten und sind uns dennoch innerlich nahe geblieben. All diese Menschen machen für mich deutlich: Es liegt an uns, das Gute zu erkennen, darauf aufzubauen und es zu stärken. Gerade die Erfahrung der ersten Phase der Coronakrise zeigte uns ganz deutlich, dass so vieles möglich ist, wenn auf den ersten Blick nichts mehr geht. Galt für Jahrzehnte das Primat der Wirtschaft über die Politik, so waren Regierungen plötzlich aufgrund der Pandemie in der Lage, (auch schmerzliche und extrem weitreichende) Entscheidungen zu treffen, die zuvor unter Verweis »auf die Märkte« niemals möglich gewesen sein sollten. Uns wurde knallhart vor Augen geführt, wie verletzlich wir als Gesellschaft, aber auch als Individuum sind. Und dass sich eine globale Krise nur gemeinsam, nicht gegeneinander lösen lässt. Doch noch viel wichtiger: Wir alle haben gelernt, dass das Tun und Lassen von jeder und jedem Einzelnen von uns einen großen Unterschied machen kann. Wir können nicht die Welt retten? Wir sollten jedoch sofort damit beginnen, es zumindest zu versuchen. Das ist alles andere als naiv, es ist ohne Alternative.

Was oft floskelhaft daherkommt, haben wir in der Pandemie ganz intuitiv verstanden: Vermeintlich kleine Dinge wie regelmäßiges Händewaschen, Abstand halten und Maske tragen können Einfluss auf die weltweite Entwicklung einer Pandemie und damit auf unsere eigene Gesundheit und unser Leben haben. Das Kleine mündet oft im Großen. Diese Erfahrung kann uns keiner mehr nehmen. So sehr all die Maßnahmen während der Krise auch immer von oben herab verordnet werden, so steckt selbst im Händewaschen, im Maskentragen, ja sogar im Abstandhalten eine selbstermächtigende Erfahrung – nämlich die, dass es nicht egal ist, wie ich mich verhalte, weil es dabei immer um das eigene Wohl, aber auch das Wohl der anderen geht. Dass es um Eigenverantwortung geht und um gemeinsame Verantwortung für unsere Nächsten, die in einer globalisierten Welt viele Tausende Kilometer entfernt leben können.

Ein Stück vom Himmel
Ein Platz von Gott
Ein Stuhl im Orbit
Wir sitzen alle im selben Boot

Ich bin überzeugt: Diese Erfahrung des Eins-seins ist es, die wir für unsere eigene und für die Zukunft unserer Kinder brauchen – gerade dann, wenn es um die Rettung des Klimas, der Demokratie und letztlich des friedlichen Zusammenlebens, und somit auch um die Rettung unser aller Lebensgrundlagen geht: *Die Erde ist unsere Pflicht.* Wir müssen dafür nicht zur Heldin bzw. zum Helden werden, es genügt, *Mensch* zu bleiben.

DOCH AUCH, WENN ICH NICHT an Heldentum glaube, habe ich mich dazu entschlossen, einen Beitrag für dieses Buch zu schreiben. Warum? Weil mein Held eben kein typischer Held ist. Weil Herbert Grönemeyer mir glaubhaft die Botschaft vermittelt, zwar hoch oben auf einer Bühne im Scheinwerferlicht zu stehen, die Bodenhaftung jedoch trotzdem nicht verloren zu haben – weil er berührbar, weil er *Mensch* geblieben ist. Auf Augenhöhe mit seinem Publikum.

Es gibt aber noch einen zweiten Grund, und dieser Grund wiegt schwerer: Weil die vielen Ehrenamtlichen und Mitarbeiterinnen und Mitarbeiter im Palliativ- und Hospizbereich, denen dieses Buch ja letztlich auch gewidmet ist, für mich zweifelsohne auch zu dieser oben genannten Kategorie der stillen Heldinnen und Helden gehören. Das spürte ich immer dann, wenn ich sie bei ihrer Arbeit begleiten durfte. Wenn diese Mitarbeiterinnen und Mitarbeiter, wenn die Ehrenamtlichen Menschen am Ende ihres Lebens begleiten, verrät dies oft mehr über das Leben als über den Tod. Plötzlich fällt es einem abseits des Alltagsstresses wie Schuppen von den Augen: Was wirklich zählt. Was wichtig ist und was nur dringend in unserem Leben. Herbert Grönemeyers Lieder begleiten mich seit vielen Jahren in Momenten des großen Glücks und auch in schweren Stunden. Wobei selbst seine traurigsten Lieder – etwa jenes, mit dem er den frühen Tod seiner ersten Frau Anna verarbeitet (*Der Weg*) – immer auch eine Zusage an das Leben sind.

Ich kann nicht mehr sehen
Trau' nicht mehr meinen Augen
Kann kaum noch glauben
Gefühle ha'm sich gedreht
Ich bin viel zu träge
Um aufzugeben
Es wär' auch zu früh
Weil immer was geht

Auch wenn es uns manchmal schwerfällt, in dieser unruhigen und nervösen Zeit, in die wir gestellt sind, vielleicht ist es etwas besonders Heldenhaftes, wenn wir unser Bestes geben, um jeden einzelnen Tag das Leben zu feiern. Indem wir erkennen, dass es nicht egal ist, wie es unseren Nächsten geht. Dass Nächstenliebe vielleicht auch damit beginnt, dass wir jemandem sagen: *Du bist wichtig, schön, dass es dich gibt* oder *ich hab dich lieb.*

Marlene Seidel

Was uns zu Alltagsheld*innen macht

ICH MUSS ZUGEBEN, dass ich »Heldengeschichten« nie ganz verstanden habe. Sie waren mir immer viel zu übertrieben, zu unrealistisch, zu veraltet und zu männlich. Viel zu oft geht es um einen muskulösen und mutigen Mann, der in einer dramatischen Lage etwas Einzigartiges vollbringt, und als wäre das nicht schon vorhersehbar genug, gibt es am Ende immer ein verliebtes Traumpaar, einen besiegten Feind und eine überglückliche Menschenmenge.

Held*in sein bedeutet für mich besonders in der heutigen Zeit nicht, mehr Muskeln als andere zu haben oder Feinde mit Gewalt zu besiegen. Um Held*innen zu erkennen, braucht man auch keine hochdramatisierten Erzählungen. Man findet diese Menschen, wenn man genau hinsieht, öfter als man denkt in der eigenen Umgebung. Sie tarnen sich vielleicht als Kollegin, als Freund, als Mutter, als Klavierlehrerin oder als Nachbar. Wir sprechen nur selten so begeistert von ihnen, wie über die Held*innen aus Büchern und Filmen. Zu selten, wie ich finde. Deshalb möchte ich die Geschichte an dieser Stelle umdrehen und keine Bilder von Drachen-Tötern oder fliegenden Muskelpaketen malen. Vielmehr werde ich die heldenhaften aber oft unscheinbaren »Tugenden« meiner persönlichen Held*innen skizzieren und ihnen dieses eine Mal die Aufmerksamkeit schenken, die sie verdienen.

ZUVERLÄSSIGKEIT

Um Held*in zu sein, muss man vor allem eines: zur richtigen Zeit am richtigen Ort sein. Dass man sich auf die engste Familie und Freund*innen verlassen kann, ist schon ein großes Privileg. Wenn man aber Leute trifft, die für einen da sind, obwohl man sie weder lange noch gut kennt, dann ist das etwas ganz Besonderes.

Vielleicht hätte ich ihm seine versteckte Heldenhaftigkeit schon ansehen müssen, als sich der 1,65 m große Mann mit seinen aufgeweckten Augen und einem gutmütigen Lächeln mit dem Namen »Papi Bob« (Französisch für »Opi Bob«) bei mir vorstellte. Ein halbes Jahr lang, als ich in Frankreich lebte, war er mein persönlicher, als Nachbar getarnter, Held. Er schaute öfter vorbei, brachte Süßes, half mir, mein klappriges Rad zu reparieren oder fuhr mich zum Arzt – in jeder Lebenslage war er für mich da. Besonders eine Begegnung werde ich nie vergessen: Kurz vor Weihnachten sollte er als Nikolaus verkleidet in den städtischen Kindergarten gehen und kleine Geschenke an die Kinder verteilen. Er schloss gerade die Gartentür hinter sich, als er mich erblickte. Ich hatte Tränen in den Augen und fühlte mich sehr verloren, denn ich hatte gerade eine schlechte Nachricht erhalten. Ohne zu zögern kam er auf mich zu und fragte mich mit seiner ruhigen Stimme, was mir fehle. In meiner Aufgeregtheit zerfiel mein Französisch in schwer verständliche Bruchstücke, doch er hörte geduldig zu, setzte sich mit mir auf die Stufen des Hauseingangs und nahm mich in den Arm, ohne viel zu sagen. Ewig saßen wir dort. Der Nikolaus mit seiner roten Zipfelmütze und ich mit meinen roten Augen. Es lag vielleicht an seiner beruhigenden Ausstrahlung und dieser besonderen Gelassenheit älterer Menschen, die schon viel erlebt haben, dass ich mich in seiner Anwesenheit so geborgen fühlen konnte. Die Hauptsache war aber, dass er sich Zeit für mich nahm und ich mich auf ihn verlassen konnte. Auch wenn ich den Nikolaus schon als Kind als eine heldenhafte Figur empfunden hatte – in diesem Hauseingang bekam er für mich noch einmal eine ganz neue Dimension.

INSPIRATION

Seit ich mich erinnern kann, mache ich Musik. Mit sechs Jahren hatte ich meine erste Cellostunde: Mein erster Lehrer war ein übergewichtiger Mann mittleren Alters, der während des Unterrichts immer drei dicke Wurstsemmeln verdrückte, mich zwischen den einzelnen Bissen schroff durch seine speckige Brille ansah und rief: »So nicht, Marlene, so nicht!« Die sechsjährige Marlene, der man es hauptsächlich ihrem starken Willen zuschreiben konnte, dass sie mit ihren dünnen Ärmchen genug Kraft für Cellobogen und Cellosaiten aufbrachte, war verängstigt. Welchen Stellenwert die Lehrperson bei jeglicher Art der Stoffvermittlung einnimmt, kennen wir alle aus der Schule. Es ist absurd, wie abhängig unsere Lernbegeisterung und unser Lernerfolg von diesen Menschen sind. Auch meine Liebe für die Musik kam und ging oftmals mit der Bewunderung für meine Lehrpersonen. Eine Zeit lang hatte ich besonders großes Glück: eine Klavierlehrerin, die ihre Schüler*innen mit ihrer Kombination aus Einfühlsamkeit, musikalischem Talent und nicht zuletzt mit ihrem umfassenden Verständnis für die Musik mitsamt all ihrer Details begeisterte. »Marlene, welches Bild hast du vor dir, wenn du diese Stelle siehst? An welche Kulturen musst du denken, wenn

» Eine unscheinbare Heldin, die mir beibrachte, dass nicht die Anzahl der Stunden, sondern ihre Qualität der Zeit ihren Wert verleiht. «

du diese Tonfolge hörst? Wie muss sich der Komponist gefühlt haben, als er das geschrieben hat?« Bei ihr ergab alles einen Sinn: Chopin sei Pole gewesen und im Herzen Pariser und seine Krankheiten sehe man in diesem Stück, und das Ländlich-Traditionelle aus Polen bemerke man an dieser Stelle und seine traurige Liebe hier – »…verstehst du? Ja, so – jetzt gleich noch einmal von vorne … Ja, jetzt kann ich Chopin endlich hören!« Sie ging in dem kleinen Unterrichtsraum, der mit zwei Klavieren eigentlich schon mehr als voll war, herum, als wäre er ein riesiger Konzertsaal und hörte sich aus verschiedenen Positionen an, wie ich spielte. Musik war für sie gleichermaßen Geschichte und Talent wie Emotion, wie Politik, Fleiß, Kultur, Familie, Körpergefühl … All das schenkte sie mir eine Stunde pro Woche und für immer in meiner Erinnerung. Manchmal schloss sie die Augen, damit sie besser hörte. Ich habe bis heute nicht verstanden, warum das so gut funktioniert. Aber noch heute, viele Jahre später, denke ich sehr oft an die Stunden bei ihr, schließe die Augen und höre, was sie sagen würde, fühle, wie ein Stück gemeint sein könnte, und merke, wie alles noch mehr Sinn ergibt. Eine unscheinbare Heldin, die mir beibrachte, dass nicht die Anzahl der Stunden, sondern ihre Qualität der Zeit ihren Wert verleiht.

INTUITION

Was ist es doch für ein Glück, wenn man das Kind einer Heldin ist? Obwohl ich jetzt Gefahr laufe, kitschig zu klingen, muss ich es so sagen: Meine Mutter ist eine Heldin und darf hier nicht unerwähnt bleiben. Vielleicht liegt es an ihrem durchdringenden Blick, der stets (schon bevor ich ein Wort gesagt habe) erkennt, woran es mir fehlt. Vielleicht liegt es an ihrer Ehrlichkeit, oder daran, dass sie mich nicht für gute Noten, sondern für Integrität oder Zuverlässigkeit gelobt hat. Vielleicht liegt es auch daran, dass sie mir ein Gespür für mich selbst mitgegeben hat und mir die Namen von Bäumen und nicht die von Modemarken beigebracht hat. Ich denke nicht, dass es überhaupt möglich ist, in wenigen Sätzen zu erklären, was meine Mutter zur Heldin macht. Zwei ihrer größten Stärken sind aber auf jeden Fall ihre Intuition und ihre Weisheit. Das ist zwar etwas, das man als Kind nie einsehen will, aber jetzt weiß ich es: Meine Mutter spürt meist, was gut für mich ist. Manchmal sogar, bevor ich es merke. Als hätte sie ein magisches Fernrohr, mit dem sie gleichermaßen in mich hinein und in die Zukunft schauen kann, erkennt sie Zusammenhänge und Entwicklungen schneller als Sherlock Holmes. Auch wenn sie manchmal vergisst, wie alt ich bin oder wie mein Studium genau heißt – sie kennt mich besser, als ich es manchmal glauben kann. Sie hat mich mehr als einmal aus einer schwierigen Situation gerettet und ist dabei über ihren eigenen Schatten gesprungen – geleitet von ihrem feinen Gespür.

INTEGRITÄT UND SELBSTBEWUSSTSEIN

Als ich sie das erste Mal sah, lehnte sie Zigarette rauchend an einem Mistkübel und legte ihre Stirn kritisch in Falten, während sie mich von oben bis unten musterte. Ich wusste, dass diese Frau für die nächsten sechs Monate meine Kollegin und Hauptansprechpartnerin sein sollte. Ich gebe es zu: Mein erster Eindruck war nicht der beste. Ich war ganz alleine für ein halbes Jahr nach Frankreich gekommen, um als Sprachassistentin in verschiedenen lokalen Volksschulen, teilweise zusammen mit ihr, zu unterrichten. Es war mein erster Abend hier und ich war zum Abendessen eingeladen. Gefangen in stockendem Small Talk kamen mir die ersten Minuten vor wie eine halbe Ewigkeit. Doch dann wurde ich ins Haus hineingebeten. Mit jedem Augenblick, den ich länger mit ihr verbrachte, schloss ich sie tiefer in mein Herz. Sie war ehrlich, offen, unverblümt, und ich wusste schnell, dass sie niemandem etwas vormachte, sondern einfach der Mensch war, der sie sein wollte. Besonders in Frankreich, wo ich meistens mit überschwänglichen Küsschen und überfreundlichen Floskeln von einer Wange zur nächsten gereicht wurde, stach sie hervor wie eine gelbe Blume inmitten einer grauen Asphaltstraße. Meine Bewunderung für sie wuchs weiter, als ich sie Stunde um Stunde bei ihrer Profession beobachten konnte. Sie war Volksschullehrerin, doch eigentlich auch Mutter einer ganzen Schulklasse, Streitschlichterin, Wertevermittlerin – kurz gesagt Heldin auf ganz vielen Ebenen. Die förmlichen Regeln des hochbürokratisierten Landes waren ihr so egal wie die strengen Meinungen ihrer Kleinstadt-Mitbürger*innen. Sie lebte nach ihren eigenen Regeln und verbrachte jeden einzelnen Tag damit, den Kindern, die sie mehr sah als ihre eigenen, einerseits Schulbildung, andererseits Werte zu vermitteln und ihnen damit eine größere Chance auf ein sorgenfreies Leben zu geben.

HERZENSGÜTE

Mein nächster Held ist ganz besonders. Lernt er neue Leute kennen und erzählt mir am nächsten Tag von seinen Begegnungen, dann erzählt er mir nicht von ihrem Style, nicht von ihrem Gesicht, nicht von ihrem Akzent oder ihrer Haarfarbe. Er erzählt von ihrem Wesen. Und das auf so schöne Weise und mit so viel Begeisterung, dass ich mich allein durch seine Erzählungen fast schon fern-verlieben möchte. Es sind die Kleinigkeiten, die ihm auffallen und die sich zu einem großen Bild zusammenfügen, kleine Merkmale und scheinbar nebensächliche Details. Er sieht mit seinen dunklen Augen in die Menschen hinein und nie kommt er ohne eine besondere Entdeckung von seiner Reise zurück. Selten habe ich jemanden getroffen, der so voller Liebe und Herzensgüte andere Menschen wahrnimmt. Besonders in unserer Wettbewerbs- und Ellbogenkultur ist ein Kennenlernen oft ein Vergleichen mit sich selbst. Ist diese Person besser als ich? Kann sie mir etwas wegnehmen? Ist sie auf irgendeine Weise komisch? Man verfällt schnell in ein emotionales Abschätzen und Schubladendenken. Dabei vergessen wir, was wir zu verlieren haben: Gespräche, die tiefer gehen als der übliche Small Talk. Begegnungen, die positive Energie vermehren und weitergeben. Ein Held, weil er allen eine Chance gibt, absichtlich aus der Reihe tanzt, um seine Umgebung bunter zu machen, und mit einem Lächeln auf den Lippen die Last von mancherlei Schultern zaubert, um die Ernsthaftigkeit aus schweren Situationen zu nehmen.

UND DANN?

Ist man erst Held*in, wenn man all diese »Tugenden« besitzt? Natürlich nicht. Für jeden Menschen sind andere Charakterzüge wichtig. Je länger ich darüber nachdenke, desto deutlicher merke ich, wie viele weitere Menschen in meinen kurzen Erzählungen fehlen. Außerdem sind Charakterzüge keine heiligen Grale, die man sammeln kann, und zumindest meine Held*innen sind keine Übermenschen ohne Schwächen. Am Ende des Tages sind wir alle nur Menschen. Doch das sollte uns auf keinen Fall entmutigen. Vielleicht hat die eine oder der andere die versteckten eigenen Kräfte noch nicht entdeckt oder wurde noch nie darauf hingewiesen. Hört man aber in sich hinein (und schließt dabei die Augen, um noch ein bisschen besser zu hören), dann bemerkt man bestimmt etwas in sich, das bewusst oder unterbewusst anderen Menschen und einem selbst oftmals den Tag rettet. Denn auch wenn viele beim Stichwort »Held*in« in erster Linie an Superman, Siegfried den Drachentöter oder Odysseus denken: Echte Held*innen gibt es auch in unserer Nähe, und sie retten zwar nicht ständig unser ganzes Leben, sehr wohl aber unseren Alltag.

Aglaia Szyszkowitz

Auf eine knappe Stunde mit Sylvia Löscher

ES IST ZWÖLF UHR MITTAGS, Ende Februar 2021, und ich klingle Sturm im Annaheim. Das Annaheim der Kreuzschwestern ist ein Senioren- und Pflegeheim, liegt dem LKH Graz gegenüber und ist das »neue Zuhause« unseres geliebten Vaters, der dort seit 2019 wohnt. Er hat ein helles, freundliches Zimmer mit Blick nach Westen aufs Ottilieninstitut und die Kirche St. Leonhard, vor seinem Balkon blühen gerade die Bäume und man hört den Leonhardbach plätschern. Die warme Abendsonne scheint an schönen Tagen in sein Zimmer ...

Er sagt, er ist zufrieden da und fühlt sich »sicher und geborgen«. Trotzdem wird es für mich immer schmerzlich sein, dass er nicht mehr in unserem Elternhaus in seinem Ohrensessel im Erker sitzt und den Rehen und Fasanen zuschaut, wie sie auf der Wiese vor dem Haus auf und ab spazieren. Aber so ist das Leben – es verändert sich, und immer wieder tun diese Veränderungen weh. Meist lernt man, mit ihnen zu leben.

Nicht immer. Aber mein Vater hat es gelernt. Und ich auch.

Frau Löscher – die Pflegedirektorin des Annaheims – hat mir an diesem Vormittag eine Stunde ihrer kostbaren Zeit zugesagt und das ist wunderbar. Nach über einem Jahr Pandemie, in dem ich in ständigem Kontakt mit dem Annaheim stand, war mir bei der Frage nach einer »stillen Heldin« sofort klar: Frau Löscher ist meine Heldin. Ich bewundere sie, und alle Menschen, die in dieser Zeit Verantwortung für andere übernehmen mussten, ob sie wollten oder nicht – und deren umsichtigen Entscheidungen wir es zu verdanken haben, dass sehr, sehr viele ältere Menschen in den Pflegeheimen gut geschützt durch diese so herausfordernden Monate gekommen sind. So auch mein Vater. Wie oft die Angehörigen in diesem Jahr voller Angst im Heim angerufen haben müssen, mit unzähligen Fragen und großer Sorge. All das mussten die Pflegekräfte abfangen, sie mussten beruhigen und stabilisieren, obwohl sie selbst oft keine Ahnung hatten, wie es weitergeht.

Ich werde von der entspannten, fast schon unheimlich ruhigen Heimleitung Sr. Christa Maria hineingelassen; die große Glastür des Heims ist seit Beginn des Lockdowns zugesperrt. Schade, die offene und besucherfreundliche Atmosphäre dieses Ortes ist dadurch natürlich gebrochen. Aber die Kontrolle geht jetzt vor, das ist verständlich. Ich werde also getestet und sitze kurze Zeit später Frau Löscher in ihrem Büro gegenüber.

Frau Löscher hat ihre eigene Mutter durch COVID-19 verloren. Die Mutter war 79 Jahre alt und Frau Löscher hat sie zu Hause gepflegt – bis es nicht mehr ging. Frau

Löscher sagt: »Ich konnte mich auf der Intensivstation von ihr verabschieden und ihr alles sagen, was ich ihr noch sagen wollte – das ist ein kleiner Trost.« Aber sie konnte sie zu Hause nicht schützen vor diesem Virus, das sich unsichtbar einschlich. »Ich vermisse sie jeden Tag«, sagt sie. Wie schafft man das, frage ich mich. Den Abschied, den immer wiederkehrenden? Frau Löscher sagt, dass sie im Heim damit zu leben gelernt hat. Klar: Es ist ein Seniorenheim. Und so, wie ich das verstehe, sieht sie das Verabschieden als ihre selbstverständliche christliche Aufgabe, und sie weiß mittlerweile sehr gut, wie wichtig und schwierig dieser letzte Weg für viele ist. Sie sagt: »Wir sind da, um zu helfen. Damit die Menschen in Würde und optimal versorgt gehen können.« Den Tod nicht tabuisieren, sondern als Teil des Lebens akzeptieren und die Auseinandersetzung mit ihm ins Leben integrieren: Das kann ich von Frau Löscher und ihren Kollegen*innen im Annaheim lernen. Und das ist viel. Im Annaheim kann man sich immer verabschieden, wenn jemand stirbt. Auch in Zeiten der Pandemie war das möglich. »Ich gehöre sicher zu den progressiveren Pflegedirektorinnen«, sagt sie, als wir darüber sprechen. »Das Menschliche geht bei mir vor. Und Abschied muss sein.«

Ich bin zutiefst dankbar für diese Worte und kann den Fokus auf das Menschliche nur bestätigen: Im Annaheim wurde in den letzten Monaten immer versucht, Wege zu finden, dass wir Angehörige Kontakt zu unseren Lieben halten konnten. Wir hatten großes Glück, denn alle Zimmer im Annaheim haben einen Balkon. Und so kamen meine Mutter und wir vier Schwestern den ganzen Winter über immer vor den Balkon meines Vaters und unterhielten uns übers Geländer. Warfen Schokolade zu ihm hinauf. Musizierten und sangen vor dem Balkon. Im Regen, bei dichtem Schneefall. Immer liebevoll beäugt von den Schwestern und Pflegern, in deren Augen zu lesen war, wie gerne sie uns hineingebeten hätten ...

Alle trugen immer Masken, so es irgendwie ging. Als sie dann endlich welche hatten, die guten, die FFP2!

Frau Löscher erzählt, dass sie im März 2020 gerade einmal vier Packungen Schutzmasken à 60 Stück für das ganze Heim hatte – und dann schloss Deutschland die Grenzen. Sie wusste also: Nichts kommt nach, keine Handschuhe, keine Masken. Und 95 Heimbewohner*innen müssen täglich versorgt werden: Die Körperpflege gesichert, mit Inkontinenzprodukten versorgt und/oder das Essen eingegeben bekommen. Wozu also die Handschuhe hernehmen? Wann darauf verzichten, weil einfach zu wenige da sind? Wann die wenigen Masken wechseln? Lebenswichtige Entscheidungen, die alle an ihr hingen.

Panik war zu spüren im Frühling 2020. Wir kannten alle die Bilder aus Oberitalien. Niemand konnte sagen, wann Nachschub an Ausrüstung kommen würde. Und immer, sagt Frau Löscher, hatte sie die Angst im Nacken, DAS Heim in Graz zu sein, das einen Cluster hat. DAS Heim zu sein, in dem das Virus grassiert und die Bewohner*innen sterben. Zu wissen, dass ein unvorsichtiger privater Schritt eines Mitarbeiters oder einer Mitarbeiterin Menschenleben kosten kann ... »Diese Pandemie hat mich Lebenszeit gekostet«, sagt sie. Aber auch:

»Ich bin stolz auf meine Mitarbeiter*innen – wir haben das alle zusammen geschafft.«

Das haben sie. Lange. Und sehr gut. Im Oktober 2020 ist es trotzdem passiert. Ein Mitarbeiter hat den anderen angesteckt und dieser dann Bewohner. Und das im ersten Stock – wo mein Vater lebt. Ich dachte damals, ich drehe durch; war wütend, fassungslos, voller Angst. Auch damals habe ich mit Frau Löscher telefoniert. Und mit der wunderbaren Schwester Riki, die mich beruhigte: »Aglaia, dein Papa hat Glück. Er wohnt links, der Mitarbeiter war aber auf der rechten Seite im Einsatz!« Ich war damals zum Arbeiten in Köln und hatte Albträume: Dass sie die Seiten verwechselt haben. Dass mein Vater schwer erkrankt und ich nicht kommen kann ...

Er selbst blieb dagegen gelassen. So wie die meisten Heimbewohner*innen, sagt Frau Löscher. »Das Problem waren eher die Angehörigen ...« Nun gut, auch diese Krise haben sie gemeistert. Aber es sind Menschen gestorben, die sich angesteckt hatten. Ein Ehepaar, hochbetagt und ganz entzückend. Er war immer fröhlich und geistig hellwach, er hatte uns, wenn wir im Annaheim musizierten, gerne mit seinem iPad gefilmt. Die beiden hatten sich ein Zimmer geteilt ... ein Leben lang Seite an Seite, so auch am Ende. Ich werde dieses Paar in liebevoller Erinnerung behalten.

ÜBERHAUPT SIND MIR die Bewohner*innen des ersten Stocks mittlerweile sehr ans Herz gewachsen. Es berührt und beschäftigt mich, wie sie ihr Leben meistern, worüber sie sich freuen, was sie aus sich machen, innerhalb der Möglichkeiten, die sich ihnen noch bieten.

Mittags und abends isst mein Vater immer mit dem Professor Moritz. Ich liebe es, mit den beiden am Tisch zu sitzen und zuzuhören, was der Professor aus seinem langen und bewegten Leben berichtet. Er war in den USA, in Russland, in China. Er hat die Welt bereist und viel gesehen, wie mein Vater auch. Und jetzt wohnt er im Annaheim. Seine Frau ist gestorben, seine Kinder wohnen weit entfernt. »Es ist gut so, wie es ist«, sagt er.

Jeden Sonntag macht er einen Ausflug. Mit seinem Taxifahrer. Und mein Vater macht oft mit einer von uns Schwestern einen Ausflug. Abends sprechen die beiden Herren dann über die Erlebnisse des Tages. Ich frage mich im Gespräch mit den beiden, wie ich das eines Tages schaffen werde: Zu akzeptieren, dass sich meine Freiheit reduziert, mein Körper schwächer wird, mein Gedächtnis nachlässt. Wie werde ich das handhaben und wer ist dann an meiner Seite? Warum fällt es uns so schwer, den Gedanken ans Altwerden zuzulassen, und warum versuchen wir, ihn zu verdrängen? All die wunderbaren Menschen im Heim standen vor einigen Jahren auch noch mit beiden Beinen mittendrin im Leben. Hatten Berufe, Partner, Kinder. Die Familien sind immer noch da, aber ich habe die Erfahrung gemacht, dass es eine große Hemmschwelle gibt, Besuche im Seniorenheim zu machen. Viele scheuen die Konfrontation. Weil sie Angst haben. Die Pandemie hat die ohnehin nicht üppige Besucherzahl endgültig reduziert. Mittlerweile kommen zwar wieder Besucher, der so liebevoll gepflegte Garten füllt sich endlich wieder, aber es sind immer dieselben. Auch bei meinem Vater, der in seinen Jahren viel Gutes getan und als Unfallchirurg Leben gerettet hat:

Viele sind es nicht, die anrufen und vorbeikommen. Er nimmt auch das gelassen.« Gut, wenn ihr Kinder kommt, Aglaia. Und die Traudl. Ich bin hier zufrieden.«

AUF DER SUCHE NACH DEM RICHTIGEN PLATZ vor zwei Jahren wusste ich nach dem Besuch so einiger Grazer Seniorenheime sofort, als ich das Annaheim betrat: Das hier ist gut. Bei all meinen Vorbehalten gegenüber der katholischen Kirche und deren Vertretern wusste ich bei der ersten Begegnung mit der Heimleitung Sr. Christa Maria, dass mein Vater hier würdevoll schöne Jahre verbringen wird können. Das bestätigt mir Frau Löscher: »Wir als christliches Heim stellen den christlichen Gedanken der Nächstenliebe ins Zentrum.«

Frau Löscher musste in den letzten Monaten viele wichtige Entscheidungen treffen: Wie wird die Ausrüstung verteilt, was kann man den Mitarbeiter*innen erlauben und was nicht, wie motiviert man total überarbeitete Schwestern und Pfleger, wie nimmt man die Angst und beruhigt, strahlt Zuversicht und Optimismus aus? Sie sagt: »Ich arbeite lange genug in diesem Beruf. Ich bringe genügend Lebenserfahrung mit. Und entscheide meist aus dem Bauch. Und ja, auch mir passieren Fehler. Aber ich stehe dazu. Weil es eben in diesem Moment für mich die richtige Entscheidung war!« Etwa bei den Impfungen. Frau Löscher hatte eine gewisse Menge bestellt, dann stellte sich heraus, dass sich pro Fläschchen zwei Impfungen mehr ausgehen. »Natürlich habe ich die verimpft – das rettet Leben!« Sie musste sich dafür rechtfertigen, dreimal. Das war hart. Aber was hätte sie tun sollen? Noch dazu, wo alles genau den gesetzlichen Vorgaben entsprechend und transparent nachvollziehbar verimpft wurde. Manchmal, so scheint es, kann man nur verlieren; auch Impfstoff wegzuschmeißen zieht Kritik nach sich.

Frau Löscher hat viel Überzeugungsarbeit geleistet, bei Personal und bei den Bewohnern. 80 Prozent der Bewohner sind geimpft, immerhin, und beim Personal wird es auch von Woche zu Woche mehr. Nach der ersten Impfung allerdings rief meine Mutter an: »Aglaia, das Heim ist wieder dicht – ein neuer Ausbruch.« Alle waren schockiert. Es waren doch die meisten bereits einmal geimpft!

Frau Löscher sagt, man weiß nicht, woher es kam. Vielleicht hat ein Bewohner, der nicht geimpft war, das Virus von draußen mitgebracht? Oder ein Geimpfter, der ja trotzdem Überträger sein kann, obwohl er selbst kaum etwas spürt? War es vielleicht sogar ein Pfarrer, der ja noch dazu in viele Zimmer geht, um die Kommunion zu verteilen? Wieder wurde das Heim geschlossen. Wieder konnten wir meinen Vater nur »über den Balkon« besuchen. Wieder durfte er sein Zimmer nicht verlassen.

Was bedeutet das, dachte ich mir in diesem Jahr oft. Wir, die wir uns ständig von irgendwo nach irgendwo anders bewegen, wir, die wir uns über diese Bewegung spüren, die wir uns über nächtliche Ausgangssperren und Kontaktreduzierung bitter beschweren ... wir haben nicht die leiseste Ahnung davon, was es heißt, das eine eigene Zimmer nicht mehr verlassen zu dürfen. EIN ZIMMER!

Was hat diese lange Zeit der Kontaktreduktion mit den vielen Heimbewohner*innen gemacht? Wie wird sich diese Erfahrung auf ihr weiteres Leben auswirken? Nun, wir können es nicht ändern, aber wir können verhindern, dass sich die Szenen dieser Pandemie wiederholen. Wir haben jetzt die Verantwortung und Pflicht, darüber nachzudenken, wie die Einsamkeit vieler Menschen aufgefangen werden kann, wenn es wieder einen Lockdown gibt. Und wie die Menschen, die an vorderster Front in medizinischen Berufen und Pflegeberufen arbeiten, endlich entsprechend bezahlt werden können. Diese Verantwortung hat die Politik und haben wir alle.

Denn was hätten alle diese wunderbaren Damen und Herren in den vielen Pflegeeinrichtungen in dieser Zeit getan, wenn es nicht Menschen wie Frau Löscher gäbe, die mit ganzem Herzen und vollem Einsatz dafür gesorgt haben, dass es trotz Pandemie größtenteils friedliche, liebevolle und hoffnungsvolle Monate waren? Frau Löscher sagt: «Mein größter Wunsch ist es, die nächsten Jahre noch gut zu arbeiten und Spuren im Annaheim hinterlassen zu haben, wenn ich in Pension bin.»

Liebe Frau Löscher: Das haben Sie geschafft! Vielen Dank! Im Namen unserer ganzen Familie.

Susanna Wieseneder

Immer eine Tasse Tee mit Ruth

ES WAR NICHTS UNGEWÖHNLICH an diesem Dienstag, als ich das erste Mal von ihr hörte. Obwohl: Für mich war in diesen Tagen und Wochen eigentlich alles ungewöhnlich, weil neu und aufregend. Es war das Jahr 1989 und ich nach New York gekommen, um dort mein Studium fortzusetzen. Das bedeutete mehr als einen Ortswechsel. Das bedeutete einen Einschnitt, einen Aufbruch. Plötzlich lagen nicht mehr nur die Kärntner Straße und der Ring vor mir, sondern die ganze große Welt.

Unter den Freunden, bei denen ich damals wohnte, war auch ein Anwalt. Und er erzählte an diesem Dienstagabend in New York von einer bemerkenswerten Juristin, die sich als Verfechterin für die Gleichstellung der Geschlechter in zahlreichen Prozessen bis hinauf zum Supreme Court, dem Obersten Gerichtshof der USA, einen Namen gemacht hatte. Ihr Name: Ruth Bader Ginsburg. Ihre Beschreibung durch den Freund: brillant, ehrgeizig, umgeben von einer Aura der Unbesiegbarkeit und daher irgendwie auch bedrohlich. An diesem Abend fielen auch zum ersten Mal die drei Initialen, die mich ein Leben lang begleiten sollten: RBG.

In den USA ist »RBG« ein magnetisierender Mythos: Vorkämpferin für die Frauenrechte, hartnäckige Durchsetzerin in einer männerdominierten Juristen- und Gerichtswelt. Aber das wusste ich damals nur ansatzweise, mehr ein Gefühl als wirkliche Kenntnis. Denn hauptsächlich war ich nicht mit einer streitbaren Juristin, sondern mit meinem Studium und einer Forschungsarbeit zu antiken Frauenfiguren und Heldinnen der Renaissance beschäftigt. Erstere war zwar für die Welt wichtig, Letztere rechtfertigten damals jedoch mein Stipendium.

Seit meinem New-York-Aufenthalt bin ich Abonnentin der »New York Times». Und auch Ruth Bader Ginsburg bin ich verbunden geblieben, und das auf vielfältige Weise. Als 1993 meine Tochter geboren wurde – zufälligerweise am 4. Juli, dem amerikanischen Unabhängigkeitstag –, hatte die Frauenbewegung in Sachen Gleichberechtigung schon einiges erreicht, aber eben nur einiges. Viel blieb noch zu tun, und viel bleibt auch heute noch zu tun. Damals habe ich mir für meine Tochter und ihre Generation bereits eine Gesellschaft und ein Leben gewünscht, in dem Frauen wirklich gleichberechtigt sind und Minderheiten nicht mehr diskriminiert werden – alles Werte, für die Ruth Bader Ginsburg ein Leben lang gekämpft hat. Und das mit Erfolg: Sie unterrichtete als erste Frau an der Rutgers Law School, der größten öffentlichen Fakultät für Rechtswissenschaften in den USA. Sie brachte mehrere Fälle von

Geschlechterdiskriminierung – auch von Männern – vor den Supreme Court. Sie engagierte sich schon in den 1970er Jahren in der Bürgerrechts-Organisation »American Civil Liberties Union« (ACLU) für Frauenrechte. Sie wurde 1993 zur Richterin am Supreme Court berufen, als zweite Frau überhaupt in diesem Amt nach Sandra Day O'Connor. Und sie erwirkte bahnbrechende Urteile, die in späterer Folge die Rechtsgeschichte der USA und deren Gesetzgebung veränderten.

Ein solcher Meilenstein in der amerikanischen Rechtsgeschichte ist der Prozess »Ledbetter v. Goodyear« – obwohl Ginsburg sich mit ihrer Meinung in diesem Fall nicht durchsetzen konnte. Aber auch das gehört zu ihren bewundernswerten Fähigkeiten: Aus Niederlagen *in the long run* einen Erfolg zu machen. Ich erlebte die Diskussion über diesen Fall aus nächster Nähe, da ich zu jener Zeit in Harvard an der Kennedy School of Government »Leadership Development« studierte – eine weitere Begegnung mit Ruth Bader Ginsburg.

Die Goodyear-Mitarbeiterin Lilly Ledbetter hatte ihren Arbeitgeber, den Reifenhersteller Goodyear Tire & Rubber, verklagt, weil dieser ihr jahrelang für die gleiche Arbeit weniger Gehalt gezahlt hatte als ihren männlichen Kollegen. Allerdings hatte Ledbetter davon erst erfahren, nachdem sie das Unternehmen verlassen hatte. Das erwies sich als schweres Handicap: Durch alle Instanzen hindurch gekämpft, wurde die Klage schließlich vom Obersten Gericht als verjährt abgewiesen. Doch Ginsburg verfasste daraufhin mit drei Richterkollegen eine abweichende Stellungnahme zu dem mehrheitlich getroffenen Urteil – der Ausspruch »I dissent«

wurde spätestens dadurch zu einem Synonym für die streitbare Juristin. Sie und ihre Kollegen widersprachen in ihrem Votum der Entscheidung des Gerichts, da die Klägerin aus Unwissenheit über ihre Diskriminierung keinen Anlass gehabt habe, rechtzeitig eine Klage zu erheben. Aus diesem Umstand dürfe ihr kein Nachteil erwachsen. Lilly Ledbetter nützte dieser Einwand nichts, anderen Frauen schon. Denn 2009 verabschiedete der Kongress unter Präsident Barack Obama ein Gesetz, das eine faire und gleichberechtigte Bezahlung sicherstellt. Bezeichnender Name des Gesetzes und späte Genugtuung für die abgewiesene Klägerin: »Lilly Ledbetter Fair Pay Act«.

ALS KRITISCHER MENSCH stehe ich Idolen skeptisch gegenüber. Ich hatte weder ein Rolling-Stones-T-Shirt noch ein Madonna-Poster, keine Autogrammkarte von Johanna Dohnal und auch keinen Bruno-Kreisky-Briefbeschwerer, obwohl diese alle verdienstvolle Menschen sind, die auf ihre Art viel bewegt haben. Idole sind oft modische Zeiterscheinungen für bestimmte Lebensphasen. Aber ich besitze eine Tasse mit dem gezeichneten Konterfei von Ruth Bader Ginsburg. Schwarz-weiß gestaltet, straff zurückgekämmte Haare und ein strenger Blick durch die große Brille, so wie man sie von vielen Bildern kennt.

RBG ist für mich kein Idol, sondern eine Heldin. Mit dieser Frau verbinden mich mehrere Überzeugungen, Lehren und Erfahrungen – und das ein ganzes Leben lang. So hat sie stets gegen widrige Umstände gekämpft und sich auch durch Niederlagen und Rückschläge nicht entmutigen lassen. Der Fall Lilly Ledbetter ist nur ein Beispiel dafür.

Ruth Bader kam 1933 in Brooklyn zur Welt, als eines von sieben Kindern. Ihre Mutter gab ihr zwei zentrale Werte mit auf den Lebensweg, die mir ganz ähnlich auch von meiner Mutter vermittelt wurden: »Be a Lady and independent« und »Never underestimate the power of a girl with a book«. Was das bedeutet und wie Ruth Bader Ginsburg das gelebt hat: Stets den Respekt und die Höflichkeit vor anderen Menschen zu wahren. Nie die Würde anderer zu verletzen – und wenn diese verletzt wurde, konsequent dagegen anzukämpfen, in ihrem Fall mit allen juristischen Mitteln.

> **» Ruth Bader Ginsberg ist nicht auf Barrikaden gestiegen, sondern durch Aktenberge und Instanzen gegangen und hat so Pionierarbeit im Kampf gegen Diskriminierung geleistet. «**

Widerstände und Widrigkeiten haben sie nie bremsen und schon gar nicht brechen können. Stets hat sie Rückschläge mit Haltung und Würde akzeptiert. Als sie in Harvard mit dem Jus-Studium beginnt – als eine von neun Frauen unter 500 männlichen Kommilitonen –, gibt es dort nicht einmal Damentoiletten. Aber das ist noch ein vergleichsweise harmloses Hindernis. Schwerer wiegt, dass ihr Mann, der ebenfalls in Harvard Jus studiert, während des Studiums an Krebs erkrankt. Das Paar hat da bereits eine kleine Tochter.

Doch Aufgeben ist für Ruth Bader Ginsburg keine Option, sie ist eine Kämpferin. Und hartnäckig. Sie besucht nicht nur ihre eigenen Vorlesungen, sondern auch die Lehrveranstaltungen für ihren Mann und versorgt ihn mit Unterlagen. Zusätzlich betreut sie ihre Tochter.

Ich habe ähnliche Schicksalsschläge erlebt; erst eine berufliche Krise bei meinem Mann, dann eine Krankheit bei mir. »Make it or break it«, so war damals die Situation. We made it. Geholfen hat mir dabei auch RBG und ihre Einstellung. Nämlich, dass in einer Partnerschaft mal der eine mehr geben muss, mal der andere. Und dass diese vorübergehenden Ungleichheiten und wechselseitigen Unterstützungen in schwierigen Phasen ein Geheimnis einer guten Partnerschaft sind.

Mein Mann und ich haben in New York geheiratet. Bemerkenswerterweise hat auch unser Judge, Abraham Goldstein, bei unserer Hochzeit auf RBGs »Beziehungsratschlag« Bezug genommen. Auch er betonte, dass in einer guten Ehe selten Engagement und Einsatz völlig ausgeglichen seien. Zeitweise könne es sogar 0 Prozent zu 100 Prozent sein, dafür müssten beide Partner Verständnis haben. So wie es bei Ruth Bader Ginsburg während ihres »Doppel«-Studiums war. Durch diese Parallele war RBG in gewisser Weise sogar bei meiner Hochzeit dabei.

Trotz eines Spitzen-Examens fand die exzellente Juristin keinen Job in einer Anwaltskanzlei. Wie gesagt, das Recht war damals eine rein männliche Angelegenheit. Aber aufgeben? Niemals. Ruth Bader Ginsburg startete eine Universitätskarriere, die sie schließlich ins höchste Richteramt führte. Auch das ist für mich heldenhaft: Allen Schwierigkeiten zum Trotz einen eigenen Weg zu finden – und diesen aus innerem Antrieb heraus konsequent zu gehen. Ich verließ 2004 eine sehr spannende und großartige Konzernfunktion und gründete mein eigenes Unternehmen. Aus einer inneren Überzeugung und mit großer Klarheit. Ich stieß auf Kopfschütteln und Anzweifelung meiner Zurechnungsfähigkeit. Wie kann man denn diese Traumkarriere freiwillig zugunsten eines Sprunges ins Ungewisse aufgeben? Das war vor 17 Jahren, und es war richtig. Damals wie heute.

Es gibt Menschen, die gehen für ihr Anliegen auf die Straße und kämpfen laut. Ruth Bader Ginsburg gehörte nicht zu ihnen. Sie ist nicht auf Barrikaden gestiegen, sondern durch Aktenberge und Instanzen gegangen und hat so Pionierarbeit im Kampf gegen Diskriminierung geleistet. Und das ohne Wut, aber mit Argumenten. Und stets so, dass andere Menschen ihre Anliegen unterstützen und ihren Weg mitgehen konnten. Mit dieser besonderen Art, mit ihrem Stil, hat sie aus vielen Kritikern und Skeptikern Unterstützer und Wegbegleiter gemacht. Auch das ist eine bemerkens- und bewundernswerte Fähigkeit.

Mit ihrer Haltung, ihrem Engagement und ihrer Konsequenz hat sie einen wichtigen Beitrag für eine bessere Gesellschaft geleistet. Auch das hat mich animiert, in meinem eigenen, kleinen Rahmen einen solchen Beitrag zu leisten. Ich engagiere mich ehrenamtlich in der Hospizbewegung und versuche vor allem in meiner Arbeit als Coach und Counselor Menschen in Spitzenpositionen Inspiration zu den Themen inneres Anliegen, Haltung und gestaltende Macht zu bieten. Dazu gehört es, den Mut zu Standpunkten und – oft damit verbunden – keine Angst vor Konflikten zu haben. Aus meiner langjährigen Erfahrung weiß ich, dass echtes Leadership daraus entspringt, für bestimmte Anliegen, Werte und Überzeugungen einzustehen.

Das ist in einem Unternehmensumfeld nicht immer einfach, aber es gibt in jeder Funktion und auf jeder Hierarchie-Ebene Spielräume, die sich nutzen lassen – wenn man Haltung hat. Gerade auch meinen jungen Klienten versuche ich daher zu vermitteln, auf ihre Unabhängigkeit zu achten und auf eine gute, nie endende Ausbildung als Grundlage dafür.

IN SCHWIERIGEN SITUATIONEN, an Wegkreuzungen des Lebens, beruflich oder privat, trinke ich gerne einen Tee aus meiner Tasse mit dem Porträt von Ruth Bader Ginsburg. Dieses Ritual hilft, meine Gedanken zu ordnen. Was hätte sie gedacht? Was hätte sie getan? Wie kann ich in dieser Situation von ihr lernen? Obwohl ich oft in den USA war, bin ich ihr leider nie begegnet. Trotzdem hat sie mich durch mein Leben begleitet. Und wird es auch weiterhin tun.

Biografien

VALERIE FRITSCH, geboren 1989, zahlreiche Literaturpreise, zuletzt der Peter Rosegger Preis des Landes Steiermark und der Brüder Grimm Preis der Stadt Hanau 2021. Reisen rund um die Welt von Afrika bis in den wilden Osten. Valerie Fritsch ist Schriftstellerin, Polaroidphotokünstlerin und Reisende. Ihr neuer Roman *Herzklappen von Johnson & Johnson* ist gerade bei Suhrkamp erschienen und stand auf der Longlist des Deutschen Buchpreises.

CRISTINA FIORENZA, geb. 1973 in Neapel, lebt seit 1999 Wien. Architektin und bildende Künstlerin. Zahlreiche internationale Ausstellungen in Berlin, New York, Wien, Neapel. »STABAG art award« für Malerei und Zeichnung. Ihre Werke befinden sich in zahlreichen Sammlungen und Museen. Cristina Fiorenza ist am Meer aufgewachsen, Menschen und Natur sind Schwerpunkt ihrer künstlerischen Auseinandersetzung. In den letzten Jahren ist Keramik ein wichtiges Element ihrer Arbeiten geworden.

DORIS HELMBERGER-FLECKL, geboren 1974 in Kirchdorf/Krems, Matura am Stiftsgymnasium Schlierbach. Ab 1993 zunächst Architektur- und ab 1995 Theologie- und Germanistikstudium in Graz und Strasbourg. Abschluss mit einer Diplomarbeit zu Hans Küngs »Projekt Weltethos«. Seit 2000 Redakteurin der Wochenzeitung »Die Furche«, wechselnde Zuständigkeiten für Gesellschaft, Bildung, Wissen und Film. Zahlreiche Moderationen. Förderungspreis für Wissenschaftspublizistik des Bildungsministeriums, Kardinal-Innitzer-Würdigungspreis für Publizistik, »Spitze Feder«-Förderpreis der Wiener Grünen und Inge-Morath-Preis für Wissenschaftspublizistik des Landes Steiermark. Seit August 2019 »Furche«-Chefredakteurin. Zwei Söhne.

SABINE HOFFMANN ist seit 16 Jahren Unternehmerin. Gemeinsam mit ihrem Team begleitet und unterstützt sie renommierte nationale und internationale Unternehmen, aber auch Start-ups bei der Umsetzung ihrer Zukunftsprojekte – in Produkt- und Teamentwicklung. Die gelernte Betriebswirtin ist bekannt für ihre Wissbegier und das Infragestellen des Status quo. Sie hat ihr Unternehmen ambuzzador bereits mehrmals transformiert, vom Mundpropaganda-Marketing über Social Media bis zu agilem Arbeiten und Future Design. Sie gilt als Pionierin in Digitalen Medien und agilen Arbeitsweisen und kombiniert diese Fachkompetenzen mit ihren Leadership- und Coaching-Qualifikationen.

WALTRAUD KLASNIC, geboren 1945 in Graz, von 1970–2005 aktiv in der Politik, von der Gemeinderätin bis zum Landeshauptmann der Steiermark. Seit 2008 Vorsitzende des Dachverbandes Hospiz Österreich in der Nachfolge von Sr. Hildegard Teuschl CS, Vorsitzende der Opferschutzanwaltschaft gegen Missbrauch und Gewalt, Vorsitzende der Elisabethinen-Holding in Graz, Vorsitzende des Universitätsrates der Montanuniversität Leoben und weitere ehrenamtliche Tätigkeiten.

CHRISTIAN LAGGER, geboren 1967 in Paternion/Kärnten, verheiratet, vier Kinder. Studien der Theologie, Philosophie und Business-Administration in Salzburg, Innsbruck, Graz und Wien. Seit 2010 Geschäftsführer bei den Elisabethinen, seit 2016 Sprecher der Elisabethinen Österreich. Vorsitzender und Mitglied mehrerer Aufsichtsorgane, Gremien und Vereine; Lehrtätigkeit an der FH Joanneum und der Karl Franzens Universität Graz. Autor von Beiträgen zu Fragen der Führung und des Gesundheitssystems (Management, Ökonomie, Ethik). Unternehmens- und Führungskräfteberater.

WERNER LANTHALER ist seit März 2009 Vorstandsvorsitzender der Evotec SE. Während seiner Amtszeit entwickelte sich das Unternehmen von einem spezialisierten Wirkstoffentwickler zu einem hochinnovativen Wissenschaftskonzern mit mehr als 3.700 Mitarbeitern an 14 Standorten weltweit. Zuvor war Dr. Lanthaler CFO der Intercell AG, Bereichsleiter der österreichischen Industriellenvereinigung und Senior Management Consultant bei McKinsey & Company. Er erwarb seinen Master in Betriebswirtschaft an der Harvard University und promovierte in Betriebswirtschaftslehre an der WU Wien.

MICHAEL LEHOFER studierte Medizin und Psychologie in Graz und Salzburg. Ausbildung zum Facharzt für Psychiatrie und Neurologie, Habilitation 1997. Ebenfalls ab 1997 Leiter der Abteilung für Psychiatrie und Psychotherapie 1 an der Landesnervenklinik Sigmund Freud, ab 2008 deren Ärztlicher Direktor. Von 2015 bis 2017 Leiter der Abteilungen für Psychiatrie und Psychotherapie 1 und 3, und Stv. Ärztlicher Direktor am LKH Graz Süd-West. Seit 2017 Ärztlicher Direktor des LKH Graz II, Leiter der Abteilung für Psychiatrie u. Psychotherapie 1. Lehofer ist Psychotherapeut und klinischer Psychologe sowie Gesundheitspsychologe.

MARKUS MAIR studierte Rechtswissenschaften in Graz und arbeitete als parlamentarischer Mitarbeiter, bevor er eine umfassende Bankausbildung abschloss. 2002 wurde er Bereichsleiter der Raiffeisen-Landesbank Steiermark, wechselte bald in den Vorstand und wurde 2006 Generaldirektor.

Seit 2009 war er Mitglied des Aufsichtsrats der Styria Media Group, seit 2013 ist er CEO des international tätigen Medienkonzerns. Seit 2018 ist Mair Präsident des Verbandes Österreichischer Zeitungen (VÖZ); 2020 wurde er als »Medienmanager des Jahres« ausgezeichnet. Er ist Hospizbotschafter im Hospizverein Steiermark.

ARNOLD METTNITZER, geboren 1952 in Gmünd/Kärnten, Studium der Theologie in Wien und Rom. Seit 1996 Psychotherapeut in freier Praxis in Wien. Buch- und Hörbuchautor zu Fragen von Gesundheit und gelungenem Leben. Freier Mitarbeiter des ORF. Vizepräsident der Internationalen Christine Lavant Gesellschaft mit Sitz in Wien. Präsident des 2020 in Moosburg gegründeten Vereins ZUMGLUECK.JETZT – Initiativen zur Veredelung der Zeit.

MONIKA NIEDERMAYR-KÖCK, geboren 1963 in Wien, aufgewachsen in Niederösterreich. 1987 nach dem Studium der Rechtswissenschaften nach Innsbruck übersiedelt, seit 2007 außerordentliche Universitätsprofessorin am Institut für Zivilrecht. 1991 Ausbildung zur Ehe-, Familien und Beziehungsberaterin, seit neun Jahren ehrenamtliche Hospizmitarbeiterin. Das Wichtigste im Leben sind ihr Beziehungen: die Beziehung zu sich selbst, zu ihrer Familie und den Menschen, die ihr in irgendeiner Weise anvertraut sind, und zum Göttlichen.

RAINER NOWAK, geboren 1972 in Innsbruck, 1992 Matura in Wien, 1992–1997 Studium der Geschichte und Politikwissenschaften (ohne Abschluss). 1996 Eintritt in die Redaktion der »Presse«. Ab 2004 Ressortleiter Wien, 2009 Bestellung zum redaktionellen Leiter der »Presse am Sonntag«, 2010 zum Ressortleiter Innenpolitik. Seit 2012 ist Nowak Chefredakteur der »Presse«, seit Ende 2014 auch Herausgeber und seit 2017 Mitglied der Geschäftsführung. 2005 erhielt er den Staatspreis für Geistige Landesverteidigung, 2013 den Kurt-Vorhofer-Preis.

CORNELIUS OBONYA, 1969 in Wien geboren, stammt aus einer Schauspielerdynastie. Er studierte Schauspiel am Max-Reinhardt-Seminar, welches er jedoch nach einem Jahr wieder verließ, um beim Kabarettisten Gerhard Bronner zu lernen – eine der wichtigsten Begegnungen seines Berufslebens. Engagements unter anderem am Burgtheater Wien und an der Schaubühne Berlin, verschiedene Film- und Fernsehproduktionen, in den Jahren 2013–2016 spielte er den »Jedermann« bei den Salzburger Festspielen. Obonya ist mit der Regisseurin Carolin Pienkos verheiratet und hat einen Sohn.

MATTHIAS OPIS, geboren 1964, verheiratet, vier erwachsene Kinder. Studium der Geschichte, Germanistik und Kunstgeschichte in Frankfurt/M., Wien und München. Seit 2003 Mitarbeiter der Styria Media Group, seit 2016 Geschäftsführer und Verlagsleiter der Styria Buchverlage.

HUBERT PATTERER, 1962 in Villach geboren. Studium Germanistik und Anglistik in Klagenfurt. Seit 2006 Chefredakteur und Geschäftsführer der »Kleinen Zeitung«. Auszeichnungen: Chefredakteur des Jahres 2008, 2010, 2011, 2012, 2015 und 2016 (verliehen durch »Österreichs Journalist:in«)

PETER PILZ, geboren (1969) und aufgewachsen in Graz, ist verheiratet und Vater von drei Kindern. Nach dem Studium der Rechtswissenschaften legte er 1999 die Fachprüfung zum Steuerberater ab. Peter Pilz ist Partner der BDO Austria Gruppe, Fachautor und Fachvortragender. Weiters ist er in diversen Aufsichtsräten tätig sowie Stiftungsvorstand. Seit 2003 engagiert er sich ehrenamtlich im Hospizverein Steiermark, zunächst als Kassier und seit zehn Jahren als Obmann.

MARKUS SCHIRMER studierte Klavier u.a. bei Rudolf Kehrer, Karl-Heinz Hämmerling und Paul Badura-Skoda. Der Wiener Musikverein, die Suntory Hall in Tokio, die Wigmore Hall in London, die Wiener Philharmoniker, das Royal Philharmonic Orchestra und das Mariinsky Orchestra unter Gergiev, Marriner, Jordan und Fedoseyev sind nur einige seiner prominenten Stationen und Partner. Mit dem Weltmusikprojekt *Scurdia* sorgt er ebenfalls für Ereignisse. Schirmer ist Professor an der Kunstuniversität Graz, künstlerischer Leiter des Festivals ARSONORE, gibt weltweit Meisterkurse und wirkt als Juror bei renommierten Klavierwettbewerben.
www.markusschirmer.at, www.arsonore.at

MATHILDE SCHWABENEDER-HAIN, 1956 in Linz geboren, Diplom-Logopädin, Romanistin (Studium an der römischen Universität La Sapienza) und Journalistin sowie Autorin, begann 1995 ihre Tätigkeit beim ORF. Von 2007 bis 2020 leitete sie das ORF-Korrespondentenbüro für Italien, den Vatikan und Malta. In ihren vielen Reportagen, die sie rund um den Globus brachten, stehen oft Menschenrechtsfragen im Mittelpunkt. 2018 erhielt sie dafür den Menschenrechtspreis des Landes Oberösterreich. Sie schrieb Bücher über Papst Franziskus, Flucht und Migration sowie die Mafia. Seit Juni 2021 ist sie die Vorstandsvorsitzende von SOS Menschenrechte Österreich.

KLAUS SCHWERTNER ist seit 15 Jahren für Menschen in Not im Einsatz – zuerst als Pressesprecher, heute als Direktor der Caritas Wien. Der 45-jährige Vater von vier Kindern wurde in dieser Zeit zu einer unverzichtbaren Stimme der Zivilgesellschaft. Oft laut. Meistens unbequem. Und immer sehr deutlich. Für seinen Einsatz wurde er 2016 als »Kommunikator des Jahres« und 2019 mit dem Blogger Award für Zivilcourage ausgezeichnet. Schwertner lebt mit seiner Familie in Klosterneuburg in Niederösterreich.

MARLENE SEIDEL, 2001 in Wien geboren, studiert Volkswirtschaftslehre und Politikwissenschaften (Wirtschaftsuniversität Wien/Universität Wien). Im Februar 2019 initiierte sie in Graz »Fridays For Future« und ist bis heute bei der Klima-Bewegung sowie beim »Klimavolksbegehren« und beim »Klimaprotest« als Aktivistin tätig. Nach der Matura 2019 am BG GIBS in Graz arbeitete sie ein halbes Jahr in Frankreich als Sprachassistentin in Volksschulen und anschließend neben dem Studium als Parlamentarische Mitarbeiterin bei NRAbg. Mag. Dr. Jakob Schwarz. Zudem schreibt sie Gastkommentare für die »Kleine Zeitung«.

AGLAIA SZYSZKOWITZ wurde 1968 in Graz geboren und wuchs in Oxford und Hannover auf, bis die Familie 1975 nach Graz zurückkehrte. Nach der Matura 1986 begann sie ein Medizinstudium, das sie aber bereits nach einem Jahr zugunsten ihrer Schauspielausbildung am Volkstheater Wien abbrach. Von 1991–1995 war sie an verschiedenen Theatern in Deutschland engagiert. Seit 1999 arbeitet sie vor allem fürs Fernsehen und ist in verschiedenen Kino- und Fernsehproduktionen (etwa für ARD, ORF, ZDF und Netflix) und nach wie vor auf der Bühne (z. B. im Theater an der Josefstadt) zu sehen. Sie hat zwei Söhne.

SUSANNA WIESENEDER berät und begleitet seit 18 Jahren internationale Unternehmer, Top-Manager und junge Talente auf ihrem individuellen Leadership-Weg. Nach dem Studium in Wien und den USA startete sie ihre Karriere in der Beratung und arbeitete für einen Konzern, bevor sie ihr Unternehmen Wieseneder Personal Counseling gründete. Sie ist mehrfache Sachbuchautorin, Lektorin an Universitäten und als Aufsichtsrätin tätig. Sie lebt mit ihrer Familie südlich von Wien.

Liebe Leserin, lieber Leser,
hat Ihnen dieses Buch gefallen?
Dann freuen wir uns über Ihre Weiterempfehlung,
Austausch und Anregung unter
leserstimme@styriabooks.at

Inspirationen, Geschenkideen und gute Geschichten
finden Sie auf www.styriabooks.at

© 2021 by Styria Verlag
in der Verlagsgruppe Styria GmbH & Co KG
Wien – Graz
Alle Rechte vorbehalten.
ISBN 978-3-222-13687-0

Bücher aus der Verlagsgruppe Styria gibt es
in jeder Buchhandlung und im Online-Shop.
www.styriabooks.at

Illustrationen: Christina Fiorenza
Covergestaltung und Layout: Peter Manfredini
Projektleitung: Ulli Steinwender
Lektorat: Julia Herrele
Korrektorat: Arnold Klaffenböck
Druck und Bindung: Finidr
Printed in the EU
7 6 5 4 3 2 1

Ein Teil der Erlöse aus dem Buchverkauf geht als Spende
an den Dachverband Hospiz Österreich.

Peter Pilz Mathil
Valerie Fritsch A
Cornelius Obony
Doris Helmberger
Arnold Mettnitze
Sabine Hoffmanr
Werner Lanthal
Matthias Opis M
Hubert Pattere
Waltraud Klasnic
und Susanna W